気持ちを表す
英単語辞典

石原真弓 著

STUDIO NOX 絵

ナツメ社

Preface はじめに

意味が似ている英単語は使い分けがわからず、何となく「これかな?」で使ってしまう —— アメリカ留学当初の私がそうでした。同じような和訳だと、どれを使ってもたいして変わらないと思いがちですが、英語では背景やニュアンスが微妙に違うことはよくあります。私自身、意図せず誤解を招いた経験は数知れません。

ことに感情は正しく伝えたいもの。相手を不快にさせない言葉選びが求められる状況もあります。たとえば、日本語でも「嫌い」は強く直接的ですが、「苦手」なら多少やわらかく聞こえるように、英語もTPOに合わせて表現できると理想的ですね。

この本は、会話で表現することが多い「気持ち」を中心に、単語の使い分けをまとめてあります。ニュアンスの違いを和訳で区別し、使う状況や強さの度合いにも触れました。また、自然な使い方を感覚的にとらえられるよう、実際のシーンを意識した例文になっています。自分の気持ちに近い言葉を選ぶヒントにしてください。

気持ちを表現するための参考書としてはもちろん、雑誌感覚でページをめくったり、「幸せ」「緊張」などの見出しを見て単語をいくつ言えるか試してみたり、使い分けにチャレンジするといった活用もいいですね。この本が言葉選びに役立ち、語彙力アップにもつながればうれしいです。

石原真弓

Contents もくじ

1. Positive Emotions プラスの気持ち

2. Negative Emotions マイナスの気持ち

Column コラム

Staff　｜　デザイン：林真（vond°）／編集協力：小畑さとみ
編集担当：梅津愛美（ナツメ出版企画株式会社）

How to use この本の使い方

① 2p分のテーマを見出しにしています。「日本語から引く索引」(p.230) では、見出しからも引けるようになっています。

② この2pで紹介している、サブ的な見出しです。「日本語から引く索引」(p.230) では、サブ的な見出しからも引けるようになっています。

③ このテーマで知っておくと役立つ単語や表現です。

④ 発音をカタカナで表記しました。プラスの気持ちはピンクの太字、マイナスの気持ちは緑色の太字のところがアクセント（強く発音する部分）です。

⑤ 各項目について、使い方やニュアンスなどを解説しています。

⑥ 各項目を使った例文と和訳です。和訳はイメージしやすいように、ニュアンスをつかんで意訳したところがあります。

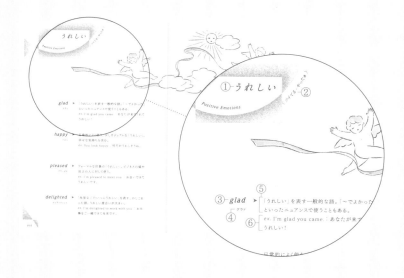

* 気持ちをプラスとマイナスに大きく分けて紹介しています。なかにはどちらにもあてはまるテーマもあり、厳密な使い分けをしていないところもあります。

* 同じ単語や表現でも、使い方などにより意味が異なる場合があります。解説や例文を読むことにより、微妙な違いやニュアンスを知ることができます。

* 元気の出るフレーズやジェスチャー、SNSでの表現など、気持ちを表すのに役立つコラムを掲載しています。

1

Positive Emotions

プラスの気持ち

うれしい

Positive Emotions

「ツイてる・やったぁ」

glad ► 「うれしい」を表す一般的な語。「〜でよかった」
グラド　　といったニュアンスで使うこともある。
　　　　ex. I'm glad you came.：あなたが来てくれて
　　　　うれしい!

happy ► 日常的によく使う、少しカジュアルな「うれしい」。
ハピィ　　幸せな気持ちを含む。
　　　　ex. You look happy.：何だかうれしそうね。

pleased ► フォーマルな印象の「うれしい」。ビジネスの場や
プリーズド　　目上の人に対して使う。
　　　　ex. I'm pleased to meet you.：お会いできて
　　　　うれしいです。

delighted ► 「光栄な」「たいへんうれしい」を表す、かしこま
ディライティッド　　った語。うれしい度合いが大きい。
　　　　ex. I'm delighted to work with you.：お仕
　　　　事をご一緒できて光栄です。

flattered
フラタード

▶ ほめられたときの「うれしい」を表す、謙遜的な言葉。Thank you.とセットで使う。
ex. You're a good cook. ／ Thank you. I'm flattered.：料理が上手だね。／ありがとう。うれしい。

Yes!
イエス

▶ 期待どおりの結果や状況に、「やったぁ!」「よっしゃ!」とガッツポーズをするイメージ。
ex. Yes! Japan scored the opening goal!：やったぁ! 日本が先制点を決めた!

Lucky me!
ラッキィ ミー

▶ 幸運に恵まれたときに言うひと言で、「ツイてる!」「ラッキー!」の意。meを強く発音する。
ex. I got a seat. Lucky me!：(満員電車などで)座れた。ラッキー!

You made my day.
ユー メイド マイ デイ

▶ 「あなたのおかげで素敵な一日になった」の意。快報や贈りものをもらったときなどに使う。
ex. This is for you. ／ Wow, you made my day!：これ、どうぞ。／まぁ、うれしい!

楽しい

「楽しみ・楽しむ」

Positive Emotions

fun
ファン

➤ 「楽しい（こと）」を表す一般的な語。楽しい時間や楽しい人など、使える幅が広い。
ex. I had fun! : 楽しかった！

pleasure
プレジャー

➤ 「楽しさや喜びを与えるもの」を指す。趣味や楽しい経験、喜びの源となるものなどに使う。
ex. Café hopping is my pleasure. : カフェめぐりが私の楽しみ。

enjoy
インジョイ

➤ 「～を楽しむ」を表す日常的な語。～には名詞または動詞のing形がくる。
ex. Enjoy your trip. : 旅行を楽しんできてね。

the time of my life
ダ タイム オヴ マイ ライフ

➤ 「最高に楽しいひととき」という強調表現。思い出に残る楽しい経験などに使う。
ex. I had the time of my life in New York! : ニューヨークはめっちゃ楽しかった！

I can't wait.
アイ キャント ウェイト

➤ 待ちきれない気持ちを表す、わくわく感たっぷりの語。「すごく楽しみ」という意味。
ex. Tomorrow is the final! ／ Yeah, I can't wait. : 明日は決勝だね！／うん、すごく楽しみ。

幸 せ

〈幸福・至福〉

Positive Emotions

---

happy
ハピィ
► 「幸せな」を表すもっとも一般的な語。soやvery
と一緒に使って、幸せ感を強調することが多い。
ex. I'm so happy. : すっごく幸せ。

joyful
ジョイフォゥ
► joy (幸せ、喜び) と-ful (満ちた) → 「幸せいっ
ぱいの」を表す。very happyのかたい語。
ex. It was a joyful wedding. : 幸せに満ちた
結婚式だった。

blissful
ブリスフォゥ
► 「この上なく幸福な」「至福の」という意味の形容
詞。名詞はbliss。sheer blissで「無上の幸福」。
ex. Getting a massage is my blissful moment.
: 私にとって、マッサージは至福のとき。

*in seventh
heaven*
イン セヴンス ヘヴン
► 天国の7段階のうち、いちばん幸福とされる「7
つめの天国にいる」→「最高の気分」の意味。
ex. We stayed at a hotel suite! We were in
seventh heaven. : スイートルームに泊まったの
よ! 最高の気分だったわ。

*I couldn't be
happier.*
アイ クドゥント ビー ハピアー
► 「これ以上幸せになれない」、つまり、「今がいち
ばん幸せ」ということ。「最高に幸せ」の意味。
ex. He proposed to me! I couldn't be
happier. : 彼にプロポーズされて、最高に幸せ!

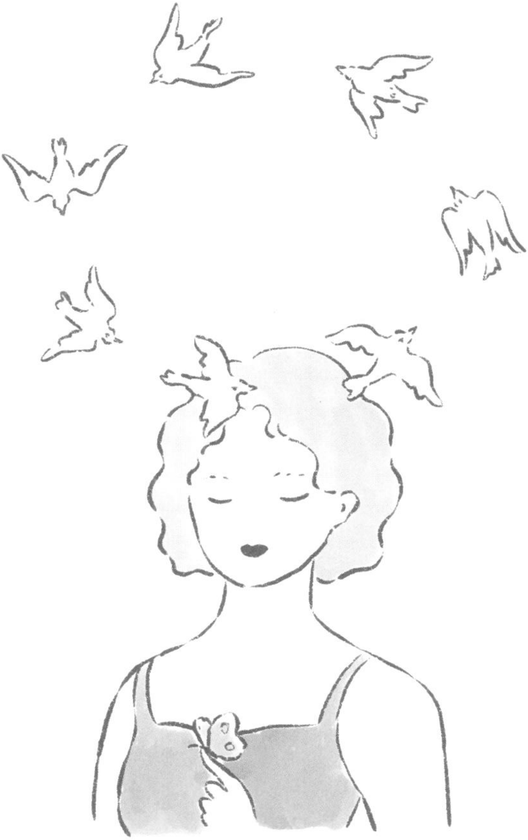

喜ぶ

Positive Emotions

「ウキウキ・有頂天・舞い上がる」

Hurray! ➤ 「やったぁ!」「バンザイ!」といった歓喜の叫び声。
ハレイ Hooray!と書くこともある。
ex. Hurray! The test is over.：やったぁ! 試
験が終わったー。

overjoyed ➤ はしゃいで喜ぶ様子を表す。「うれしくてたまらな
オウヴァージョイド い」「狂喜して」という意味。
ex. The kids were overjoyed to see the
Santa Clause.：子どもたちはサンタクロースを
見て大はしゃぎだった。

walk on air ➤ 「空中を歩く」が直訳で、「天にも昇る心地」に近
ウォーク オン エア いイメージ。「大喜びで」「ウキウキして」の意味。
ex. I feel like I'm walking on air.：天にも昇
る心地だわ。

jump for joy ▶ 跳び上がらんばかりに「大喜びする」という意味。
ジャンプ フォア ジョイ 　　leap for joyも同じ。
ex. He must be jumping for joy now.：彼は
今ごろきっと、大喜びね。

I'd love to. ▶ 誘いに対する「喜んで」「ええ、ぜひとも」という
アイド ラヴ トゥ 　　肯定フレーズ。Yes.を強調した表現。
ex. Go for coffee? ／ I'd love to.：コーヒー
を飲みにいかない？／いいわね。

on top of ▶ 「世界の頂点に」が直訳。「有頂天で」「最高の
the world 　　気分で」といった意味になる。
オン タップ オウダ ワーォド 　*ex.* I've won the best seat. I'm on top of
the world!：いちばんいい席が当たって、最高
の気分！

elated ▶ 「舞い上がって」を表す語。非常に喜ばしいこと
イレイティッド 　　が起きたときや、達成感に満ちたときに使う。
ex. He was elated his product was a big hit.
：彼は企画商品の大ヒットに舞い上がっていた。

満足

〈充実・満ち足りる〉

Positive Emotions

satisfied
サティスファイド

▶ 「満足した」を表す一般的な語。名詞の「満足」
はsatisfaction。
ex. I'm satisfied with my life.：自分の生き
方に満足している。

pleased
プリーズド

▶ satisfiedを強調した、かしこまった語。強い満
足感を表す。
ex. I was pleased with their hospitality.：
彼らのおもてなしにたいへん満足でした。

content
カンテント

▶ 「現状に不満はない」といった、控えめな満足を
表す。「甘んじる」のニュアンスもある。
ex. I'm content with my income.：今の収入
はそれなりに満足。

fulfilled
フォゥフィォド

▶ 日々の充実感や仕事などの達成感による、「満ち
足りた」「充実した」気持ちを表す。
ex. I enjoy my job and feel fulfilled every
day.：仕事が楽しくて、毎日が充実してる。

contentedly
カンテンティッドリィ

▶ 「満足そうに」「満足げに」の意味。smile（ほほ
えむ）、say（言う）などの動詞と一緒に用いる。
ex. He smiled contentedly.：彼は満足そうに
ほほえんだ。

gratifying
グラティファイイング

▶ ものごとが「満足のいく」「満足させるような」とい
う意味。かしこまった語。
ex. It was a gratifying result.：満足のいく結
果でした。

好き

「気に入る」

Positive Emotions

like ▶
ライク

「〜が好き」の一般的な語。「〜を気に入っている」「〜を素敵と思う」のニュアンスも持つ。
ex. I like spicy food. : 辛い食べものが好き。

love ▶
ラヴ

likeを強調した語。「〜が大好き」「〜を愛している」「〜を大切に思っている」などの意味。
ex. She loves shopping. : 彼女は買いものが大好き。

be fond of ▶
ビー フォンド オヴ

「〜がすごく好き」。とくに、時間をかけて良さを理解し、抱いた愛着や親しみを表す。
ex. My car is old, but I'm fond of it. : 愛車は古いけど、すごく気に入っている。

prefer
プリファー

▶ 2つを比較したときの、「〜のほうが好き」「〜の
ほうがいい」という意味。
ex. I prefer short hair.：短い髪のほうが好き
だな。

favorite
フェイヴァリット

▶ 複数の中で「1番」を表す。「いちばん好きな」
「いちばんお気に入りの」という意味。
ex. "Roman Holiday" is my favorite movie.
：『ローマの休日』は私がいちばん好きな映画。

have a
weakness for
ハヴァ ウィークネス フォア

▶ 「〜がたまらないほど大好き」「〜に目がない」を
表す慣用表現。大好物に使うとぴったりくる。
ex. She has a weakness for chocolate.：彼
女はチョコレートに目がない。

おもしろい

Positive Emotions

〈 おかしい・興味深い・滑稽・愉快 〉

funny
ファニィ

▶ お笑いなど、滑稽で思わず笑ってしまうような「おもしろい」「おかしい」を表す。
ex. You're so funny!：あなたって、ホントおもしろいね！

hilarious
ヒレリアス

▶ funnyの強調語で、「めちゃくちゃおもしろい」「とても滑稽な」。大笑いしてしまうことに使う。
ex. That comedy duo is hilarious!：あのコンビ芸人、めちゃくちゃおもしろい！

amusing
アミューズィング

▶ 人を楽しませて愉快な気持にさせるような、「おもしろい」「おもしろおかしい」。
ex. How was the rakugo? ／ It was amusing.：落語はどうだった？／おもしろかったよ。

entertaining

エンターテイニング

▶ 娯楽や話などが「興味深くておもしろい」「愉快な」。周囲を楽ませる人も指す。
ex. Children's TV shows are pretty entertaining.：子ども向けのテレビ番組は結構おもしろい。

humor

ヒューマー

▶ 「ユーモア」「おかしさ」を表す名詞。形容詞は humorous（ユーモアのある）。
ex. He has a good sense of humor.：彼ってユーモアのセンスがあるよね。

interesting

インタレスティング

▶ 興味や関心をわかせる「おもしろい」「興味深い」。「ほぉ」「なるほど」と思ったときに使う。
ex. Her way of thinking is interesting.：彼女っておもしろい考え方をするなぁ。

intriguing

イントリギング

▶ 意外性や奇妙さからくる、「非常に興味深い」「好奇心をかき立てる」。interesting の強調語。
ex. That's an intriguing viewpoint.：その着眼点は非常に興味深いね。

夢中

Positive Emotions

〈 熱中・ハマる・没頭・やみつきになる 〉

be into
ビー イントゥ

▶ 「～にハマっている」「～に夢中」を表す。趣味や食べもの、好きな芸能人など、いろいろ使える。
ex. My boyfriend is into horse racing.：彼氏が競馬にハマってる。

be nuts about
ビー ナッツ アバウト

▶ 「～に熱中している」「～に熱を上げている」という意味。nutsは俗語で「夢中な」。
ex. I think he's nuts about you.：彼はあなたに夢中のようね。

be absorbed in
ビー アブゾーブド イン

▶ 「～に没頭している」「～にふけっている」の意味。目もくれない夢中さを表す、かたい語。
ex. My son is completely absorbed in shogi.：息子は将棋にすっかり没頭している。

be obsessed with
ビー オブセスト ウィドゥ

▶ とりつかれたような夢中さを表す。「～にのめり込んでいる」「～にどっぷりハマっている」。
ex. He's obsessed with online games.：彼はオンラインゲームにどっぷりハマっている。

be hooked on
ビー フックト オン

▶ 心を奪われた状態。「～にすっかり夢中になっている」「～のとりこになっている」。
ex. She's hooked on the K-pop group.：彼女はその韓国アイドルグループにすっかり夢中。

get addicted
ゲット アディクティッド

▶ 「やみつきになる」「やめられなくなる」というニュアンス。もとは「中毒になる」の意。
ex. Try this spice. You'll get addicted.：このスパイス、試してみて。やみつきになるよ。

熱心

Positive Emotions

〈一生懸命・意欲・勤勉・熱烈〉

hard-working
ハードワーキング

➤ 「仕事熱心な」「勉強熱心な」「勤勉な」「働き者の」「努力家の」など、意味の広い形容詞。
ex. You're hard-working.：働き者ですね。

diligent
ディリジェント

➤ hard-workingのかたい語。念入りな仕事ぶりを暗示することが多い。
ex. He's a diligent lawyer.：彼は勤勉な弁護士です。

enthusiastic
インスーズィアスティック

➤ 「熱烈な」「熱狂的な」「やる気のある」といった意味。熱意を表す。
ex. She's enthusiastic about her kid's English education.：彼女は子どもの英語教育に熱心。

devoted ➤ 人に尽くしたり、十分に愛情を注いだりして、「献
ディヴォウティッド 　身的な」「熱心な」「誠実な」という意味。
ex. He's a devoted soccer fan.：彼は熱烈な
サッカーファンです。

dedicated ➤ 「献身的な」「熱心な」「一生懸命な」の意。重要
デディケイティッド 　性を理解し、ひた向きにとり組む様子を表す。
ex. Is he a good teacher? ／ Yeah, very
dedicated.：彼って、いい先生？／うん、すごく
熱心。

passionate ➤ 情熱を表す。信念などが「熱のこもった」、行為
パッショネット 　などが「熱狂的な」「熱烈な」。
ex. I was touched by her passionate speech.
：彼女の熱のこもった演説に感動した。

eagerness ➤ 「熱意」「意欲」「熱心さ」を表す名詞。with
イーガーネス 　eagernessで「熱心に」。enthusiasmも同じ。
ex. His eagerness to succeed is amazing.：
彼の成功したいという熱意はすごい。

あこがれ

「切望・尊敬」

Positive Emotions

dream ドリーム	▶	dream ~で「あこがれの〜」。職業や場所、存在、生活様式など、さまざまに使う。 *ex.* What's your dream job?：あこがれの職業は何ですか？
role model ローゥ マードォ	▶	「あこがれの人」「手本となる人」のこと。振る舞いや態度、生き方などについて使う。 *ex.* Do you have a role model?：あこがれの人はいますか？
admire アドマイアー	▶	人柄や能力など、賞賛や感心、敬服からくる、「〜にあこがれる」「〜を尊敬する」を表す。 *ex.* I admire her way of living.：彼女の生き方にあこがれちゃう。

want to ▶ 「〜したい」が直訳。always（いつも）と一緒に
ワントゥ　　　使い、「〜することにあこがれる」のニュアンス。
　　　　　　ex. I've always wanted to work overseas.：
　　　　　　海外で働くの、あこがれだな〜。

long ▶ 「切望する」という意味で、強いあこがれを表す。
ロング　　　for＋名詞で内容を続ける。wantを強調した語。
　　　　　　ex. I'm longing for a church wedding.：教
　　　　　　会での挙式にあこがれるー。

yearn ▶ longの強調語で、「非常に切望する」の意。とく
ヤーン　　　に、実現が困難なことに使う。かたい語。
　　　　　　ex. We're yearning for peace.：我々は平和
　　　　　　を切に願っています。

恋する

〈ぞっこん・恋かれる・ほれる〉

be in love

ビー イン ラヴ

▶ 「恋している」状態を表す。fall in loveで「恋に落ちる」。対象相手はwith ~（〜に）で表す。

ex. She's in love.：彼女は今、恋をしている。

fall for

フォーォ フォア

▶ 「〜にほれ込む」「〜に強く惹かれる」という意味。出会ってすぐ好きになる状態を表す。

ex. I fell for a new worker.：新人くんのこと、好きになっちゃった。

have a crush on

ハヴァ クラシュ オン

▶ 「〜に恋心を秘める」「〜に強いあこがれを抱く」。とくに、若者が年上に恋する場合に使う。

ex. I have a crush on my teacher.：先生に恋しちゃった。

smitten

スミトゥン

▶ 「ベタぼれして」「ぞっこんで」という意味。瞬間的に心を奪われた状況を表す。おどけた語。

ex. I was smitten by the cute puppy.：その子犬のかわいさにやられちゃった。

love at first sight

ラヴ アット ファースト サイト

▶ 「ひと目ぼれ」のこと。人だけでなく、物にも使える。sightは「見ること」「一見」の意味。

ex. He was gorgeous. It was love at first sight.：彼が魅力的で、ひと目ぼれだったの。

be head over heels in love

ビー ヘッド オウヴァ
ヒーォズ イン ラヴ

▶ 「〜に本気で恋して」「〜に首ったけ」という意味。相手にメロメロな様子を表す。

ex. They're head over heels in love with each other.：あの2人はアツアツ。

愛情

Positive Emotions

〈愛する・愛着・愛しい・慕う〉

love

ラヴ

▶ 「〜を愛している」「愛」を表す、もっとも一般的な語。「恋人」「愛しい人」という意味もある。
ex. I love my husband. : 夫を愛している。

adore

アドアー

▶ 敬愛して、「〜を心から愛している」という意味。loveの強調語。
ex. I adore my children. : 子どもたちを心から愛している。

care for

ケア フォア

▶ 「〜のことを愛している」という意味。大切に思う気持ちが込められている。
ex. I care for you. : 君のこと、愛してる。

honey ハニィ	▶	愛する人への呼びかけの言葉で、「あなた」「愛しい人」の意味。darlingやsweetheartも同じ。 *ex.* Do you want some tea, honey? ／ Yes, thanks.：あなた、お茶飲む？／うん、ありがとう。
affectionate アフェクショネット	▶	「愛情のこもった」「情愛の深い」「優しい」という意味。tenderやfondと入れ替えてもOK。 *ex.* I like his affectionate hugs.：愛情のこもった彼のハグが好き。
be attached to ビー アタッチト トゥ	▶	「～に愛着がある」「～を慕っている」という意味。人にも物にも使える。 *ex.* I'm very attached to my old desk.：ずっと使っていた古い机に愛着があるのよね。

前向きになれるフレーズ

Think positive.
プラス思考で。

Love yourself.
自分を好きになろう。

Be yourself.
自分らしく。

Be proud of yourself.
自分に誇りを持って。

Focus on the good.
よいことに目を向けよう。

It won't hurt to try.
ダメでもともと。

Nobody is perfect.
完璧な人はいない。

Believe that you can do it.
できると信じよう。

What will be, will be.

なるようになるさ。

Your efforts will be rewarded.

努力は報われる。

Experience is the best teacher.

経験は最善の師。

No experience is useless in life.

人生に無駄な経験はない。

Spring always follows winter.

冬が終われば、必ず春が来る。

Anxiety is proof that you are trying.

不安は頑張っている証。

All experts used to be beginners.

どんな達人もかつては初心者。

Open the door. You may find a new you.

扉を開けてごらん。新しい自分に出会えるかもしれないよ。

親しい

Positive Emotions

〈友だち・仲間・仲よし〉

friend ► 「友だち」を表す語。good friendやclose
フレンド friendで、「親友」「仲よし」の意味になる。
ex. She's a good friend.：彼女とは仲よし。

buddy ► 「仲間」「相棒」「友だち」を表す、くだけた語。
バディ budと略すこともある。男性同士や男児に使う。
ex. He's my workout buddy.：彼はフィットネス
仲間なんだ。

good ► このcompanyは「仲間」「連れ」という意味。
company good companyで「一緒にいて楽しい人」。
グッド カンパニィ *ex.* She's a good company.：彼女といると楽
しい。

close ► 「関係が近い」「仲がいい」という意味。友だちだ
クロウス けでなく、親子やきょうだい間でも使える。
ex. We're very close.：私たちはとても仲がい
いんです。

be friends with
ビー フレンズ ウィドゥ

▶ 「〜と仲よし」の意味。be friendly withも可。異性間では性的な関係を想像されることもある。
ex. I want to be friends with her.：彼女と友だちになりたいな。

be on good terms
ビー オン グッド タームズ

▶ 「良好関係」を表す。be on friendly termsも同じ。家族や友人には使わない。
ex. I'm on good terms with my neighbors.：うちは近所づき合いがいいですよ。

get along
ゲット アロング

▶ 「仲よくする」「うまくつき合う」という意味。wellやfineを伴うこともある。
ex. Are you getting along well with your mother-in-law?：お姑さんとはうまくやってる?

hit it off
ヒット イット オフ

▶ 「意気投合する」の意味。出会ってすぐ仲よくなる状況を表す。類語のclickも同様に使う。
ex. We met at a social gathering and hit it off.：私たちは懇親会で会って、意気投合した。

笑う

〈笑顔・ほほえむ〉

smile ► 口角を少し上げて、「笑みを浮かべる」「ほほえ
スマィォ む」こと。「笑顔」という名詞の意味もある。
ex. She has a nice smile.：彼女の笑顔って、
素敵。

grin ► smileより口を大きく広げ、歯を見せて「にっこり
グリン 笑う」ことを表す。beamも同じ。
ex. He grinned at the camera.：彼はカメラ
に向かってにっこり笑った。

laugh ► おもしろくて、声を出して「笑う」こと。「笑い」と
ラフ いう意味の名詞としても使える。
ex. I couldn't stop laughing.：笑いが止まら
なかった。

chuckle ► 笑いをこらえて、「くっくっと笑う」「ふふっと笑う」。
チャッコォ 心の中で、または、静かに笑うこと。
ex. He often chuckles as he reads a comic
book.：彼はよく、マンガを読みながらくっくっと
笑う。

giggle
ギゴォ

▶ 「ハハハと笑う」「きゃっきゃっと笑う」を表す。とくに若い女性や子どもの無邪気な笑いをいう。
ex. The girls giggled about the dad joke.：女子たちが親父ギャグにハハハと笑った。

crack up
クラク アップ

▶ 「大笑いする」「笑いころげる」という意味。おなかを抱えて笑う感じ。
ex. We all cracked up at his stand-up comedy.：彼の漫談に皆、笑いころげた。

have ~ in stitches
ハヴ イン スティッチズ

▶ 「おなかがよじれるほど～を笑わせる」の意味。このstitchesは笑いすぎによる脇腹の痛みのこと。
ex. His joke had us in stitches.：彼のジョークに私たちはおなかがよじれるほど笑った。

LOL
エォ オウ エォ

▶ laughing out loudの頭文字で、「爆笑」「最高におもしろい」。SNSでは（笑）や（w）の感覚。
ex. This video is real funny. LOL.：この動画、めっちゃ笑える（w）。

感動

「感動」

Positive Emotions

moved ▶ 作品や演技などに「感動した」ときに使う。心を

ムーブド 動かされるイメージ。

ex. I was moved by her singing ability.：彼
女の歌唱力に感動した。

touched ▶ 優しさや配慮など、心温まる行為に「感動した」

タッチト ときに使う。心に響くイメージ。

ex. I was touched by his consideration.：
彼の心遣いに胸がじーんときた。

impressed ▶ 作品や技術などの素晴らしさに「感銘を受けた」。

インプレスト 動詞はimpress（〜に感銘を与える）。

ex. Wow, you painted this? I'm impressed!
：これ、あなたが描いたの？ すごーい！

blown away ►
ブロウン アウェイ

impressedの強調語で、「(吹き飛ばされるほど圧倒され)感動した」。くだけた表現。
ex. He made a clean sweep. I'm blown away!
：彼、全勝だって。すごすぎ!

breathtaking ►
ブレステイキング

景色などが息を呑むような美しさで、「感動的な」の意味。impressiveやstunningも可。
ex. The scenery was breathtaking.：その景色は感動的だった。

strike a chord ►
ストライカ コード

「心の琴線に触れる」「心に響く」「共感を呼ぶ」という意味。touch a chordも同じ。
ex. His words struck a chord with many people.：彼の言葉は多くの人の琴線に触れた。

感謝

Positive Emotions

〈 ありがたい・お礼 〉

Thank you.
センキュー

▶ 言わずと知れたお礼表現。Thank YOU.（youを強く発音）で、「こちらこそ、ありがとう」になる。
ex. Thank you for the good information. ／ Sure.：いい情報をありがとう。／いえいえ。

I can't thank you enough.
アイ キャント センキュー イナフ

▶ 「感謝してもしきれない」という意味。言葉では表せないほど深く感謝していることに使う。
ex. I can't thank you enough for your great help.：多大なご助力に感謝してもしきれません。

appreciate
アプリシエイト

▶ 「〜をありがたく思う」「〜に感謝する」という意味で、相手の厚意に対する丁寧なお礼に使う。
ex. I appreciate your making time.：お時間を作っていただき、感謝しています。

grateful
グレイトフォゥ

▶ 協力や援助などの行為に「感謝している」。贈りものなどのお礼には使わない。
ex. I'm deeply grateful for your support.：皆さまのご支援に心より感謝しています。

thankful
センクフォゥ

▶ 恵まれた状況や幸運、難を逃れた安堵など、神や自然界に対する感謝の気持ちを表す。
ex. I'm thankful that all my family are healthy.：家族が皆、健康でありがたい。

That's nice of you.
ダッツ ナイス オヴ ユー

▶ 予期せぬ心温かい行為に対する、「ご親切にありがとう」。niceをkindやsweetにしてもOK。
ex. I got you some coffee. ／ That's nice of you.：はい、コーヒー。／まぁ！ありがとう。

期待

Positive Emotions

〈待ち望む・見込み・予期〉

expect ➤ 「〜を期待する」を表す一般的な語。as I
イクスペクト expectedで「予想どおり」「案の定」の意味。
ex. I was expecting kind words from him.
：彼の優しい言葉を期待していたんだけどな。

expectation ➤ 「期待」「予期」。live up to one's expectations
エクスペクテイション で、「〜の期待に応える」という意味になる。
ex. We have high expectations for you. : 君
には大いに期待しているよ。

anticipation ➤ 「期待」「わくわくして待ち望む気持ち」を表す。
アンティサペイション expectationよりかたい響き。
ex. My son was waiting with anticipation.
：息子はわくわくしながら待っていた。

promising ➤ 「期待の持てる」「見込みのある」「前途有望な」
プラーミスィング という意味。将来を約束しているニュアンス。
ex. How's the project going? ／ It looks
promising. : 企画は順調？／期待できそう。

hopeful ➤ 「期待している」「希望を持っている」という意味。
ホウプフォウ 成り立ちは、hope（希望）と-ful（満ちた）。
ex. I'm hopeful we will win the game. : 試
合は私たちが勝つと期待している。

count on ➤ 頼りにしたり当てにしたりするという意味で、「〜
カウント オン に期待する」。
ex. You can count on me to close this
deal. : 取り引き成立に期待していてください。

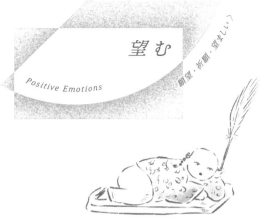

望む 〈願望・祈願・望ましい〉

Positive Emotions

want to ▶ 「〜したい」という強い望みを表す。可能性は関
ワントゥ 　　　係ない。want ＋名詞で「〜がほしい」。
　　　　　　ex. She wants to live by herself.：彼女はひ
　　　　　　とり暮らしをしたいと思っている。

hope ▶ 「〜だといいな」という意味で、可能性がある望
ホウプ 　　みに用いる。
　　　　　ex. I hope he will pass the exam.：彼が試
　　　　　験に合格するといいな。

wish <1> ▶ 「〜だといいのに」を表す。可能性がないこと、
ウィッシュ 　　事実とは異なることについての望みに用いる。
　　　　　　　ex. I wish I were 10 centimeters taller.：あ
　　　　　　　と10センチ身長が高かったらいいのに。

wish <2> ▶ wish ＋人＋名詞の語順で、「〜に…を願う」「〜
ウィッシュ 　　が…でありますように」という祈願。
　　　　　　　ex. I wish you a happy New Year.：あなたに
　　　　　　　とって幸せな新年になりますように。

desire ► wantの強調語で、「〜を強く望む」「強い願望」
ディザイアー　を表す。かたい響き。
ex. He has a desire to get promoted.：彼は
出世願望が強い。

desirable ► 「望ましい」「好ましい」「持ってこいの」という意
ディザイアラボォ　味。人や物、場所などについて使う。
ex. It was a desirable job for him.：彼には
持ってこいの仕事だった。

volunteer ► 「ボランティア」でおなじみの語。動詞は「自ら望
ヴァーランティア　んで〜する」「〜しようと買って出る」という意味。
ex. We volunteered to become a host family.
：ホストファミリーを引き受けることにした。

ask for
the moon ► 「不可能なことを望む」という意味。直訳の「月
アスク フォァダ ムーン　がほしいと頼む」からできた表現。
ex. She always asks for the moon.：彼女は
いつも無理なことを言う。

待ち遠しい

〈楽しみ・わくわく〉

Positive Emotions

can't wait ▶ 「待ち遠しい」という意味。具体的な内容は、for
　キャント ウェイト 　　　　＋名詞、またはto＋動詞を続ける。
　　　　　　　　　　　　ex. I can't wait for my high school reunion.
　　　　　　　　　　　　：高校の同窓会が待ち遠しいな。

look forward ▶ 「～を楽しみに待つ」という意味。名詞または動
to 　　　　詞のing形を続ける。
　ルック フォーァワード トゥ 　　*ex.* I'm looking forward to seeing you. ：会
　　　　　　　　　　　　えるのを楽しみにしてるね。

excited ▶ 「わくわくした」という意味。「楽しみ」「待ち遠し
　イクサイティッド 　　　　い」というニュアンスも持つ。
　　　　　　　　　　　　ex. I'm getting a car next week. I'm so
　　　　　　　　　　　　excited. ：来週の納車が待ち遠しいなぁ。

impatient ▶ 「我慢できない」→「待ちきれない」という意味に
　インペイシェント 　　　なる。内容はfor＋名詞やto＋動詞で表す。
　　　　　　　　　　　　ex. I'm impatient for the movie to be
　　　　　　　　　　　　released. ：映画の公開が待ちきれないわ。

I wish it were ▶ 「（今が）すでに～だったらいいのに」が直訳。
~ already. 　　　抑えきれないわくわく感を表す。
　アイ ウィッシュ イット ワー 　*ex.* I wish it were this Sunday already. ：早
　オーゥレディ 　　　　　　く日曜日にならないかな。

賛成

Positive Emotions

〈許可・承認・同意〉

agree ► 人の意見に「賛成する」「同意する」を表す一般
アグリー 的な語。
ex. I agree with you. : あなたに賛成です。

for ► 賛否を示すときに使う。be for で「〜に賛成し
フォア て」。逆に、「〜に反対で」は be against。
ex. Are you for working from home? : 君は
在宅勤務に賛成派？

approve ► 人や物を「よいと認める」「賛成する」、提案などを
アプルーヴ 「承認する」といった意味。
ex. My father doesn't approve of a shotgun
marriage. : 父は授かり婚を認めないのよ。

green light ► 着手や実行などの「許可」や「承認」を表す。い
グリーン ライト わゆる「ゴーサイン」のこと。
ex. We finally got the green light. : ようやく
ゴーサインが出た。

couldn't ► 「これ以上、賛成できない」→「大賛成だ」「まっ
agree more たく同感だ」という強い共感を表す。
クドゥント アグリー モア *ex.* We should pull out of this project. ／ I
couldn't agree more. : この事業から撤退すべ
きかと。／まったく同感です。

be on the ► 目標達成や問題解決などに対する認識の一致
same page を表す。「同じ考えを共有している」の意味。
ビー オンダ セイム ペイジ *ex.* Are we on the same page about this? :
この件、皆同じ考えだよね？

興奮

Positive Emotions

《盛り上がる・わくわく》

excited
イクサイティッド

➤ 「興奮して」「わくわくして」と、心が弾む様子を表す一般的な語。物事にはexcitingを使う。
ex. I'm excited to go to Italy.：イタリアへ行くことにわくわくしてる。

thrilled
スリォド

➤ excitedの強調語。「非常に興奮して」「とてもわくわくして」という意味。
ex. I'm sure he'll be thrilled to see it.：それを見たら、彼はきっと大興奮するよ。

stoked
ストウクト

➤ excitedのくだけた語。「わくわくして」を表す。テンションが上がった感じを表す。
ex. I got the new model. I'm so stoked!：新機種をゲットして、テンション上がるー！

psyched
サイクト

➤ 「楽しみで興奮して」「気合いが入って」を表す、くだけた語。心の準備ができている状態。
ex. I'm all psyched!：気合いはバッチリ！

pumped up
パンプト アップ

▶ アドレナリンが駆けめぐるような、「すごく興奮して」「やる気満々で」。くだけた語。upは省略可。
ex. Tomorrow is the final. I'm really pumped up! : 明日は決勝戦だ。この興奮、ヤバイ!

exhilarated
イグズィラレイティッド

▶ 「大興奮して」「幸せな気分でウキウキして」の意味。活力や元気にあふれる様子を表す。
ex. I was exhilarated to win the competition. : コンテストで優勝して大興奮だった。

revved up
レヴド アップ

▶ 「気持ちが高ぶって」「盛り上がって」。rev up（エンジンをふかす）のイメージから。
ex. We were all revved up. : 皆、大盛り上がりだった。

horny
ホーニィ

▶ 「性的に興奮して」「ムラムラして」という意味。「〜を性的に興奮させる」はturn 〜 on。
ex. I'm getting horny. : 何かムラムラしてきた。

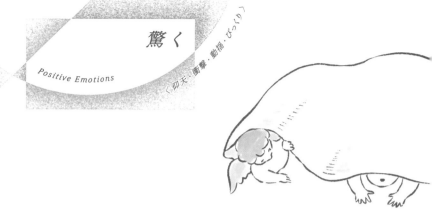

驚く

Positive Emotions

〈仰天・衝撃・動揺・びっくり〉

surprised ▶ 「驚いて」を表す一般的な語。物事が「びっくりす
サプライズド るような」の場合はsurprisingを使う。
ex. I'm surprised to see you here. : こんなと
ころで会うなんて、びっくり。

astonished ▶ surprisedの強調語で、「非常に驚いて」「びっく
アスターニシュト り仰天して」。stunnedも同様。
ex. I was astonished by the size of the cake.
：ケーキのあまりの大きさに仰天した。

dumbfounded ▶ astonishedの強調語で、「ものも言えないほど
ダムファウンディッド 驚いて」という意味。dumbstruckも同じ。
ex. I was dumfounded by what the doctor
said. : 医者の言葉に絶句してしまった。

shocked ▶ 「ショックで」「衝撃を受け、動揺して」という意味。
シャークト 「呆れた」のニュアンスもある。
ex. I was shocked to see my house broken
into. : 空き巣に入られて、ショックだった。

startled
スタートォド

▶ 「驚き慌てて」という意味。surprisedに少し動揺
や不安が加わったイメージ。
ex. I'm startled at the price hikes.：さまざま
な値上げに動揺している。

eye-popping
アイパーピング

▶ 「目が飛び出るほど驚くような」「目を見張るよう
な」という意味。amazingも同様。
ex. His bicycle kick goal was eye-popping!
：彼のオーバーヘッドシュートは驚異的だった！

bowl ~ over
ボウゥ オウヴァー

▶ 「〜をびっくり仰天させる」「〜を圧倒させる」とい
う意味の動詞。
ex. I will bowl them over!：彼らをあっと言
わせてやるわ！

can't
believe it
キャント ビリーヴ イット

▶ 「信じられない」の意味。itをone's eyes<ears>
にしてもOK。be unbelievableも同じ。
ex. It's been 20 years already!? I can't
believe it.：もう20年も経つの!? 信じられない。

心地よい

Positive Emotions

〈快適・気持ちいい・くつろぎ〉

comfortable
カンフォタボォ

► 「心地よい」「快適な」を表す一般的な語。くだけて、comfyと略すこともある。
ex. I feel comfortable with her.：彼女といると心地いい。

cozy
コウズィ

► 部屋などがこぢんまりして暖かく、「居心地がいい」「くつろげて気持ちのよい」。
ex. Your room is nice and cozy. ／ Thanks.：居心地のいい部屋だね。／ありがとう。

homey
ホウミィ

► わが家のような感覚で、「居心地がいい」「くつろげる」「家庭的な」という意味。
ex. I liked the restaurant's homey atmosphere.：レストランの家庭的な雰囲気がよかった。

feel nice フィーォ ナイス	▶	「気持ちがいい」という意味。肌触りのよさ、ポカ ポカ陽気、そよ風、適温などに使う。 *ex.* The cool breeze feels nice after a bath. ：風呂上がりの涼しいそよ風は気持ちいい。
pleasant プレズント	▶	天気や場所が「気持ちのよい」、人が「感じのよ い」、音が「心地よい」などと使う。 *ex.* What pleasant weather!：とても気持ちの いい天気！
snuggle スナゴォ	▶	「気持ちよく横になる」「（暖かさを求めて）体を丸 める」。downと用いることが多い。 *ex.* I like to snuggle down in bed.：ベッドで ぬくぬくと横になるのが好き。

安心

〈安堵・ほっとする〉

Positive Emotions

relieved
リリーヴド

▶ 「安心した」「ほっとした」という意味。安堵の気持ちを表す形容詞。
ex. I'm relieved to hear that.：それを聞いて安心した。

What a relief.
ワタ リリーフ

▶ 「あー、よかった」「これでひと安心」と言いたいときに使う。That's a relief.でもOK。
ex. Oh, here's my key! What a relief.：あっ、ここにカギがあった！ ほっ、よかった。

Don't worry.
ドゥント ワーリィ

▶ 「安心してね」「大丈夫」と、相手の不安を和らげる表現。直訳は「心配しないでね」。
ex. Don't worry. I'll take care of the rest.：あとはやっておくから安心して。

safe ► 「危害や危険の（少）ない」「信頼できる」という
セイフ 意味で、「安全な」「安心な」。
ex. Is this safe to eat? : これって食べても大
丈夫？

secure ► 対策や備えがしてあり、「安全な」「不安の（少）
セキュア ない」、安定性や自信から「安心できる」といっ
た意味。
ex. With this job, your future is secure. : こ
の仕事で君の将来は安泰だね。

Phew. ► 「ふぅ」「ほっ」など、安堵を表す擬音語。Whew.
フュー と書くこともある。
ex. I made it to the train. Phew. : ギリギリ電
車に乗れた。ふぅ。

sigh of relief ► 安心したときのほか、緊張や苦痛から解放され
サイ オヴ リリーフ たときに出る「安堵のため息」。
ex. I breathed a sigh of relief when he
replied to me. : 彼からの返信にほっとため息
をついた。

気をつける

Positive Emotions

be careful
ビー ケアフォゥ

▶ 失敗したり危険な目にあったりしないよう、行動に注意を払って「気をつける」。
ex. Be careful not to slip. : 滑って転ばないように気をつけてね。

Take care.
テイク ケア

▶ 別れぎわに言う「気をつけてね」。体調の悪い相手には、Take care of yourself.（お大事にね）。
ex. Take care. ／ You too. Bye. : 気をつけてね。／あなたもね。じゃあ、また。

pay attention
ペイ アテンション

▶ しっかり意識を向けて、「気をつける」「注意を払う」という意味。
ex. Do you pay attention to what you eat? : 食べるものに気をつけてる？

Watch out!
ワッチ アウト

▶ 目の前の危ない状況で注意を促す表現。「気をつけて！」「危ない！」。Watch it!ともいう。
ex. Watch out! The doors are closing. : 気をつけて！ドアが閉まるよ。

watch ▶ 足もとや頭上、作法や言葉遣いなどについて、
ワッチ 「〜に気をつける」。ちゃんと目を向けるイメージ。
ex. Hey, watch your mouth.：こらっ、言葉遣
いに気をつけなさい。

beware of ▶ 危険なものに用心するよう促すときの、「〜に注
ビウェア オヴ 意」。通常、命令形。掲示などでよく使う。
ex. Beware of wild animals.：野生の動物に
注意。

keep an ▶ 「〜から目を離さない」という意味。物をとられた
eye on りしないよう注意を払うこと。
キープ アン アイ オン *ex.* Will you keep an eye on my suitcase?：
ちょっと私のスーツケースを見ててくれる？

safely ▶ 安全に何かをするよう促すときの、「気をつけて
セイフリィ 〜してね」。carefullyでもOK。
ex. Get home safely. ／ Thanks, I will.：気を
つけて帰ってね。／うん、ありがとう。

穏やか

Positive Emotions

〈温和・平穏・優しい〉

calm ▶ カッとなったりイライラしたりせず、冷静で「穏や
カーム かな」。人のほか、海や天候、状況にも使える。
ex. She's always calm.：彼女はいつも穏やか
です。

gentle ▶ 「優しく穏やかな」「思いやりのある」性格を指す。
ジェントォ 雨や風、声や動作などの穏やかさにも使える。
ex. He's a gentle doctor with patients.：あ
の先生は患者に対して思いやりがある。

peaceful ▶ 「のどかで平穏な」。精神的、環境的な穏やかさ
ピースフォゥ を指す。類語はquiet（静かな）。
ex. Did you have peaceful New Year's
holidays?：穏やかなお正月でしたか？

soft-spoken ▶ ものやわらかな話しぶりを表す語。「穏やかな口
ソフト スポウクン 調の」「話し方が優しい」という意味。
ex. He's soft-spoken, isn't he?：彼って話し
方が優しいよね。

mild-mannered ▶ 態度や振る舞いが「優しく穏やかな」「温厚な」と
マイォド マナード いう意味。礼儀正しさを含む。
ex. He's very good at work and mild-
mannered.：彼は仕事ができるし、温厚だ。

mellow ▶ 年齢や経験を重ねて、「温厚になる」「角がとれ
メロゥ る」「丸くなった」。動詞、形容詞いずれも可。
ex. My father mellowed as he became old.
：父は年齢とともに丸くなった。

落ち着く

Positive Emotions

〈くつろぐ・リラックス・冷静〉

relaxed
リラクスト
▶ 「落ち着いた」「くつろいだ」気持ちを表す。場所や雰囲気にも使える。laid-backも同じ。
ex. We talked in a relaxed atmosphere.：和やかな雰囲気で話をした。

self-possessed
セォフ ポゼスト
▶ 「冷静で落ち着いた」人を指す。困難な状況でも感情をコントロールできるタイプ。
ex. He's always self-possessed.：彼はいつも冷静沈着。

calm down
カーム ダウン
▶ 気持ちを静めるという意味の、「落ち着く」「冷静になる」。chill outも同じ。
ex. Calm down.：まぁまぁ、落ち着いて。

mellow out
メロウ アウト
▶ 「気持ちが落ち着く」「ゆったり過ごす」を表す、くだけた語。outを略すこともある。
ex. I listened to music and mellowed out today.：今日は音楽を聴いてゆったり過ごした。

settle down
セトォ ダウン
▶ 状況が「落ち着く」という意味。気持ちや時間に余裕ができることを暗示する。
ex. Let's have lunch when things settle down.：状況が落ち着いたら、ランチしよう。

楽天的

Positive Emotions

〈気楽・のんき・前向き・楽観的〉

optimistic
アプティミスティック
➤ 「楽天的な」「楽観主義の」という意味。「楽観主義者」はoptimist。
ex. He's optimistic about his future.：彼は将来について楽天的だ。

easy-going
イーズィ ゴウイング
➤ 「気楽な」「のんびりした」を表す。細かなことを気にしない、大らかな性格や生き方をいう。
ex. I like your easy-going personality.：君の大らかな性格がいいね。

happy-go-lucky
ハピィ ゴウ ラッキィ
➤ 「楽天的な」「のんきな」「なりゆき任せの」という意味。軽蔑のニュアンスはない。
ex. You're happy-go-lucky.：あなたって、のんきね。

upbeat ▶ よいことが起きるだろうと前向きにとらえて、「（見
アップビート 　通しが）楽観的な」。くだけた語。
　　　　　ex. I'm upbeat about this year's sales.：今
　　　　　年の売り上げは伸びそうな予感。

carefree ▶ 「気ままな」「屈託のない」という意味。心配ごと
ケアフリー 　や責任のない気楽さをいう。
　　　　　ex. I want to go back to my carefree
　　　　　college life.：気ままな大学時代に戻りたいな。

hopeful ▶ そうなるだろうという期待、そうなってほしいとい
ホウプフォゥ 　う希望を表す。「楽観して」「期待して」。
　　　　　ex. I'm hopeful I can sell my house
　　　　　soon.：そのうち家を売却できるだろうと楽観し
　　　　　ている。

positive ▶ 「楽観的思考」「前向きな考え方」のこと。mindset
mindset 　は「ものの見方」「（身についた）考え方」。
バーズィティブ マインドセット 　*ex.* A positive mindset brings you happiness.
　　　　　：前向きな考え方が人を幸せにする。

癒やし

Positive Emotions

〈落ち着く・和む・やすらぎ〉

comfort
カンフォート

▶ 癒やし、やすらぎをもたらす人や物について使う。
「〜を元気づける」「〜を慰める」の意味もある。
ex. My dog is a great comfort to me.：愛犬
が私にとって大きな癒やし。

relaxation
リラクセイション

▶ 「癒やし」「息抜き」「気晴らし」「くつろぎ」といっ
た意味の名詞。
ex. What do you do for relaxation?：癒やさ
れたいとき、何をする?

therapeutic
セラピューティック

▶ therapy（セラピー）の派生語で、「癒やしの」
「心が落ち着く」。healingやrelaxingも同じ。
ex. Watching cat videos is therapeutic.：猫
の動画に癒やされる。

soothing	▶	「気持ちを落ち着かせる」「(音などが)心地よい」
スーディング		というときに使う。

ex. The sound of a stream is really soothing.
：小川のせせらぎは、ホント癒やし。

relax	▶	「〜に癒やしを与える」「〜を落ち着かせる」とい
リラクス		う意味の動詞。癒やしの存在を主語にする。

ex. Walking in the woods relaxes me.：森
の中を散歩すると気持ちが落ち着く。

feel at ease	▶	「癒やされる」「心が和む」の意。feel relaxedや
フィーォ アット イーズ		feel calmとしてもOK。

ex. I feel at ease when I take a leisurely
bath.：ゆっくりお風呂に入ると癒やされる。

unwind	▶	「(巻いたものが)ほどける」→「緊張が解ける」
アンワインド		「くつろぐ」「癒やされる」の意味。

ex. I'll go to a hot spring to unwind.：温泉
に行って、癒やされようっと。

元 気

Positive Emotions

〈エネルギッシュ・健康・健在〉

energetic
エナジェティック

▶ 「エネルギッシュな」「元気旺盛な」という意味。
ほかに、peppy（くだけた語）ということもある。
ex. Children are really energetic! : 子どもっ
て、ホント元気！

high-spirited
ハイ スピリティッド

▶ 「明るく元気のいい」「活発な」という意味。馬に
ついては「気性が荒い」という意味になる。
ex. I like her high-spirited character. : 彼女
の明るく元気な性格、好きだなぁ。

fine
ファイン

▶ 「元気な」「健康な」を表す。How are you?に対
する返答としてもおなじみ。
ex. How are you? ／ Fine, thanks. : ご機嫌
いかが？／元気です。ありがとう。

vigorous
ヴィガラス

▶ 「元気はつらつとした」「活力に満ちた」「壮健な」
を表す。少しかしこまった語。
ex. Seniors these days are vigorous. : 最近
のシニアは元気はつらつとしている。

alive and
kicking
アライヴ アンド キッキング

▶ 元気で健康な様子を表す口語。「ピンピンして」
「すこぶる元気で」「健在で」という意味。
ex. My 87-year-old mother is still alive and
kicking. : 87歳の母は今もピンピンしています。

大丈夫

Positive Emotions

〔いい・構わない〕

I'm fine.
アイム ファイン

▶ 心配されて「大丈夫」と答えるとき、また、申し出に「いえ、大丈夫（結構です）」と断るときの表現。
ex. Do you need help? ／ I'm fine. Thanks.
：手伝いましょうか？／大丈夫です。ありがとう。

That's fine.
ダッツ ファイン

▶ 相手の提案などに対して、「それで大丈夫だよ」「構わないよ」と答えるときに使う。
ex. How about this Sunday? ／ That's fine.
：今度の日曜日はどう？／大丈夫だよ。

That'll do.
ダル ドゥー

▶ 相手の差し出したものなどでこと足りるときの、「それでいいよ」「それで十分だよ」。
ex. I don't have a tape measure, but I have a ruler. ／ That'll do.：巻き尺はないけど、定規ならあるよ。／それでいいよ。

*Don't worry
about ~.*
ドゥント ワーリィ アバウト

▶ 不要をやわらかく伝える表現。「〜は大丈夫です（要りません）」というニュアンス。
ex. Don't worry about the change.：（タクシーの下車時に）お釣りは大丈夫です。

*That shouldn't
be a problem.*
ダット シュドゥント ビア プラブレム

▶ 依頼や意見を求められて、「大丈夫なはずです」「問題ないと思います」と答えるときに使う。
ex. Can you finish it by tomorrow? ／ That shouldn't be a problem.：明日までにできる？／大丈夫かと。

*Are we
still on?*
アー ウィ スティオ オン

▶ 約束してある事柄について、「（予定どおりで）大丈夫？」と確認するときに使う。
ex. Are we still on for tomorrow? ／ Sure.
：明日の件だけど、予定どおりで大丈夫？／うん、大丈夫。

積極的

Positive Emotions

〈建設的・前向き〉

positive
パーズィティブ

▶ 態度や考え方が「積極的な」「建設的な」「前向きな」という意味。
ex. Let's have a positive discussion. : 積極的な議論をしよう。

assertive
アサーティブ

▶ 自分の考えや願望を臆せず述べるタイプの「積極的な」。自信に満ちた感じ。
ex. Why don't you be more assertive? : もっと積極的に意見したら?

active
アクティブ

▶ 自分から働きかける意味での、「積極的な」「自発的な」。activelyで「積極的に」となる。
ex. My husband is active in child-raising. : 夫は子育てに積極的。

aggressively
アグレスィブリィ

▶ 成功や勝利を目指して果敢に挑むイメージの「積極的に」。「攻撃的な」「けんか腰の」と、強気な態度にも使う。
ex. He batted aggressively. : (野球で)彼は積極的に打っていった。

proactive
プロウアクティブ

▶ 先を読んで行動を起こすこと。「積極的な」「前向きな」「先を見越した」などの意味。
ex. That company is proactive about SDGs. : その会社はSDGsに関して積極的です。

やる気 〈意欲・行動的〉

Positive Emotions

motivated
モウティベイティッド

▶ 「やる気のある」「意欲のある」を表す形容詞。名詞はmotivation（やる気）。
ex. They look highly motivated.：彼らはやる気満々のようだ。

drive
ドライヴ

▶ 「やる気」「原動力」を表す名詞。形容詞のdriven（やる気満々の）はmotivatedの強調語。
ex. We need someone with drive.：やる気のある人材がほしい。

go-getter
ゴウ ゲター

▶ 「野心家」「行動力のある人」「やり手」を指す。目標に向かってガンガン進むイメージ。
ex. She's a go-getter.：彼女は野心家だ。

can-do
キャンドゥー

▶ 「やればできる」という気持ちからくる、「やる気のある」「積極的な」を表すくだけた語。
ex. I respect your can-do spirit.：君のなせばなる精神には尊敬するよ。

volunteer
ヴァーランティア

▶ 「進んで引き受ける」「買って出る」を表す動詞。または、「進んでやる人」を指す。
ex. Any volunteers?：やってくれる人はいませんか?

determined
ディターミンド

▶ 「絶対にやるぞ!」という確たる決意を表す。「かたく決心した」「強く心に決めた」の意。
ex. He's a very determined person.：彼はやると決めたら成し遂げるタイプです。

強い

〈頑丈・たくましい・粘り強い〉

Positive Emotions

strong
ストロング

▶ 力の強さだけでなく、意志や気力、精神、性格、影響力など、さまざまな「強い」に使える。
ex. She has a strong sense of responsibility. : 彼女は責任感が強い。

tough
タフ

▶ 肉体的、精神的に「強く、たくましい」という意味。手強く、簡単にへこたれないニュアンス。
ex. She's mentally tough. : 彼女はメンタルが強い。

robust
ロウバスト

▶ 人が「強くて健康な」、物が「頑丈な」を表す。ワインやチーズが「コクのある」という意味もある。
ex. He's 80, and unbelievably robust. : 彼は80歳で、信じられないくらい壮健だ。

have a high ▸ 「我慢強い」という意味。toleranceは「忍耐
tolerance （力）」。for ~（〜に対して）を続けることが多い。
ハヴァ ハイ ターララランス *ex.* Do you have a high tolerance for pain?
：あなたは痛みに強いほうですか？

stick-to-itive ▸ 「粘り強い」という意味のくだけた語。stick to it
スティック トゥーイティヴ （粘り強く頑張る）が形容詞化した形。
ex. She's really stick-to-itive.：彼女は本当
に粘り強い。

good ▸ 「ある教科に強い」「数字に強い」「機械に強い」
グッド など、得意なことを表す「強い」。
ex. He's good with numbers.：彼は数字に
強い。

大事

Positive Emotions

〈貴重・重要・大切・必須〉

important インポータント ➤ 「大事な」「重要な」を表す一般的な語。類語のsignificantは、影響を及ぼすほど「重要な」。
ex. I think food education is important.：食育は大事だと思う。

big ビッグ ➤ 「大事な」「重大な」「重要な」を表す、ややくだけた語。big＋名詞の形で使う。
ex. Tomorrow is a big day for us.：私たちにとって明日は大事な日。

precious プレシャス ➤ 個人の思い出や所持品、時間や資源などが、「貴重な」「かけがえのない」という意味。
ex. It was a precious experience for him.：彼にとって貴重な経験になった。

valuable ▶ 情報や助言、支援、経験、教訓などが、「とても
ヴァリアボォ 有益な」「たいへん貴重な」という意味。
ex. Thank you for the valuable advice.：と
てもためになる助言をありがとう。

cherish ▶ 「〜を大切にする」「〜を心にしまっておく」といっ
チェリシュ た意味。類語はtreasure。
ex. I still cherish the memories of him.：今
でも彼の思い出を大切にしている。

indispensable ▶ それがないと機能しないくらい、非常に大事で不
インディスペンサボォ 可欠なこと。「なくてはならない」「必須の」の意。
ex. Smartphones are indispensable in our
lives.：スマホは生活必需品になった。

vital ▶ 「極めて重要な」「必要不可欠な」の意味。類語
ヴァイトォ はcrucialやessential。
ex. It's vital to take swift action.：迅速な対
応が極めて重要だ。

人に声をかけるときの言葉

Excuse me.

（ちょっと）すみません。
見知らぬ人に話しかける、人の前を通る、少し席を外す、
といった状況で使う定番表現。

After you.

お先にどうぞ。
エレベーターや出入り口などで、相手を先に通すように促す表現。
スッと言えるとスマート。

You know what?

ねぇ聞いて。
話しはじめに相手の注意を引く表現。とっておきの話をするときによく使う。
言われた側はWhat?（何？）と返すのが一般的。

Take your time.

ごゆっくりどうぞ。
手間どっている人、時間がかかっていることを気にしている人に、
焦らなくていいことを伝える気遣いの表現。

Bless you.

お大事に。
欧米では、くしゃみをした人にこう言う。
言われた側はThank you.とお礼を言うのがマナー。

I like your T-shirt.

素敵なTシャツですね。
I like your ~.（素敵な〜ですね）は相手の持ち物などをほめる表現。
会話のきっかけになりやすい。

It's a great game.

いい試合ですね。
試合観戦中に言う共感表現。
gameをpartyやshowなどに差し替えて応用できる。

Are you in line?

並んでいますか？
店の入り口などで順番待ちをしているか確認するときのマナー表現。
たまたまそこで立ち話しているだけのことも。

Do you need help?

お困りですか？
困っている人に手を差し伸べる表現。
「手伝いが必要ですか?」が直訳。

Nice talking to you.

おしゃべりできてよかったです。
会話を楽しんだ人との別れぎわに言うフレーズ。
toをwithにしてもOK。

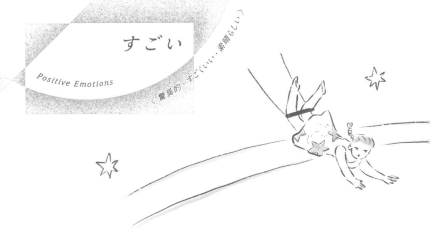

great
グレイト

▶ 幅広い状況で使える「すごい」「すごくいい」。類語に、wonderful、excellent、brilliantなど。
ex. That's a great idea! : それはすごくいい考えだね！

terrific
テリフィック

▶ greatの口語で、「すっごくいい」「素晴らしい」。提案などに対して、「いいね」の意味でも使う。
ex. How was his new book? ／ Terrific! : 彼の新刊はどうだった？／すっごくよかったよ！

amazing
アメイズィング

▶ 驚くようなことに対する「すごい」「驚異的な」を表す。ほかに、incredibleやunbelievable。
ex. She's only five and her vocabulary is amazing. : 彼女はたった5歳なのに、語彙力が驚異的。

impressive
インプレスィヴ

▶ 強い感銘を受けたときの「すごい」。類語のfabulousは女性がよく使う。
ex. His response capability is really impressive. : 彼の対応能力がすごすぎる。

awesome
アーサム

▶ くだけた表現で、「すげー」「すっごーい」といったニュアンス。sweetということもある。
ex. A 16-year-old broke a record! / Awesome!：16歳が記録を塗り替えた！／すっごーい！

Wow.
ワォ

▶ 見聞きしたことに驚いて思わず口に出る、「わー、すごい」という間投詞。
ex. This stain remover works well. / Wow!：このしみ抜き、よく落ちるよ。／わー、すごい！

something
サムスィング

▶ 「すごい人、こと」「大したもの」などを表す口語。強調してreallyやquiteと用いることが多い。
ex. He's really something.：彼はホント、すごい人だ。

sick
スィック

▶ 「マジすげ〜」「かっこい〜」を表すスラング。若者が使う、「ヤバイ」のイメージ。
ex. His new music video is really sick!：彼の新しいミュージックビデオ、超すげ〜！

勇 気

〈 根性・大胆・度胸 〉

Positive Emotions

brave
ブレイヴ

▶ 「勇気のある」「度胸のある」を表す一般的な語。少しかたい語にcourageousがある。
ex. You're brave!：君は勇気があるね！

courage
カーリッジ

▶ 困難に立ち向かう「勇気」「度胸」という意味の名詞。「勇気ある行動」はbravery。
ex. It takes courage to admit your mistake.：自分の誤りを認めるのは勇気がいる。

guts
ガッツ

▶ courageの口語で、「根性」「度胸」。have gutsで「勇気がある」「腹が据わっている」。
ex. He didn't have guts to say no.：彼には断る勇気がなかった。

fearless
フィアレス

▶ 「怖いもの知らずの」「大胆不敵な」という意味。感心の意味で使う。
ex. She's fearless. ／ Yeah, I respect her.：彼女は怖いもの知らずだね。／うん、尊敬するわ。

adventurous
アドヴェンチャラス

▶ もの怖じせず、いろんなことに挑戦するタイプの「冒険好きな」「怖いもの知らずの」。
ex. I'm pretty adventurous in eating.：私、結構いろんな料理を食べてみたいタイプなの。

bold
ボウッド

▶ 「果敢な」「大胆な」を表す。リスクの可能性がある中で思い切った行動をすることに使う。
ex. Wow, he made a bold decision!：わ〜、彼は思い切った決断をしたなぁ！

決心

Positive Emotions

〈決める・決意・決断〉

decide
ディサイド

▶ 「～を決める」を表す一般的な語。to＋動詞を続けると、「～することにする」。
ex. I decided to get my hair chopped off. ：髪をバッサリ切ることにした。

decisive
ディサイスィブ

▶ 「決断力がある」「決め手となる」の意味。反対語はindecisive（優柔不断な）。
ex. We need a decisive leader. ：決断力のあるリーダーが必要だ。

make up one's mind
メイク アップ ワンズ マインド

▶ decideの類語で、「決心する」「腹を決める」という意味。can'tで否定文にすると、「迷っている」「踏ん切りがつかない」となる。
ex. Have you made up your mind yet? ：もう決めた？

determined
ディターミンド
▶ 「決意のかたい」という意味。be determined
toで「～しようとかたく心に決めている」。
ex. She's determined to start a business.：
彼女は起業するとかたく心に決めている。

resolution
レザルーション
▶ 「決意」「決断」。形容詞はresolute（決意のか
たい）で、determinedより決意の度合が強い。
ex. What's your New Year's resolution?：あ
なたの新年の決意（抱負）は何ですか？

single-minded
スィンゴォ マインディッド
▶ ひとつの目標に向かって、「ひたむきに頑張る」
「打ち込む」性格を表す。
ex. She's single-minded about her studies.
：彼女は研究ひと筋です。

気持ち

Positive Emotions

〈感覚・感情・機嫌・気分〉

feeling ▶ 喜怒哀楽などの「気持ち」「感情」、心がとらえる
フィーリング 「感覚」を表す一般的な語。
ex. I have mixed feelings.：複雑な気持ち。

emotion ▶ feelingの類語で、とくに、愛情や感激、憎悪、
イモウション 嫌悪、恐怖などの「激しい感情」を表す。
ex. I was filled with deep emotion.：私は
感慨に浸った。

spirit ▶ 単数形で「気持ち」「心持ち」、複数形で「気分」
スピリット 「機嫌」を表す。
ex. My grandma is young in spirit.：うちの
おばあちゃんは気持ちが若い。

mood ▶ 一時的な「気分」「気持ち」を表す。be in a
ムード good ／ bad moodで「機嫌がいい／悪い」。
ex. I'm in the mood for going out today.：
今日は出かけたい気分。

sense
センス

▶ 漠然とした「気持ち」「感覚」を表す。達成感、安心感など、a sense of ~で「〜感」の意味になる。
ex. I have the sense he will be a big shot.：彼は大物になりそうな気がする。

sensation
センセイション

▶ 非日常などを経験したときの、説明しがたい「気持ち」や「感覚」を表す。
ex. The first time I went to the opera – it was a wonderful sensation.：はじめてのオペラ鑑賞 — それは何とも素晴らしい感覚だった。

sensibility
センサビリティ

▶ 単数形で「感受性」、複数形で「(傷つきやすい) 気持ち」「細やかな感情」を表す。
ex. I was careful not to offend her sensibilities.：彼女の気持ちを傷つけないよう気をつけた。

wear one's heart on one's sleeves
ウェア ワンズ ハート オン
ワンズ スリーヴス

▶ 「感情 (愛情) をさらけ出す」「気持ちをあけすけに言う」という意味の熟語。
ex. He really wears his heart on his sleeves.：ホント彼って、感情を包み隠さず出すよね。

優しい

〈思いやり・親切〉

Positive Emotions

kind ▶ 人柄や行為、言葉などが「優しい」「親切な」「思
カインド　　いやりのある」を表す一般的な語。
ex. That's very kind of you.：ご親切にありが
とうございます。

nice ▶ 人に対して「親切な」「優しい」という意味の口語。
ナイス　　気さくな印象を与える。
ex. They were very nice to me during my
stay.：滞在中、彼らは私にとてもよくしてくれた。

gentle ▶ 性格や態度が柔和な様子をいう。「優しい」「穏
ジェントォ　　やかな」「思いやりのある」など。
ex. I like him because he's gentle with
animals.：彼の動物に優しいところが好き。

sweet ➤ 性格や行為が「優しい」「親切な」という意味。
スウィート　　女性が使うことが多い。
　　　　　　　ex. I got some cake for you. ／ How sweet
　　　　　　　of you!：ケーキ買ってきたよ。／何て優しいの!

thoughtful ➤ 相手の必要なこと、喜ぶことをしてあげるなど、
ソートフォゥ　　気がきくタイプの「思いやりがある」。
　　　　　　　ex. She's thoughtful of her grandma.：彼女
　　　　　　　はおばあちゃんに対して思いやりがある。

considerate ➤ 相手の気持ちや状況を察して不快にさせないよ
カンスィダレット　う配慮する、「思いやりのある」「優しい」。
　　　　　　　ex. Be more considerate. I'm studying.：も
　　　　　　　う少し気を使ってよ。私、勉強中なんだけど。

tender ➤ 「心優しい」「愛情のこもった」といった意味。柔
テンダー　　和で、愛情を感じられる語。
　　　　　　ex. Thank you for the tender words.：優し
　　　　　　い言葉をありがとう。

繊細

〈 傷つきやすい・細やか・優美 〉

sensitive ▶ 感受性が鋭く「繊細な」、他人に対して「感情が
センサティヴ　　細やかな」、批判などに「傷つきやすい」。
ex. She's a very sensitive person.：彼女はと
ても繊細です。

get hurt ▶ 発言などに「傷つきやすい」の意味で、「繊細な」。
easily　　get offended easilyやbe vulnerableも同じ。
ゲット ハート イーズリィ　　*ex.* He gets hurt easily, so be careful with
what you say.：彼は繊細だから、言葉に気を
つけてね。

fragile ▶ 「壊れやすい」が基本的な意味で、「（見た目が）
フラジョォ　　繊細な」「もろい」「はかなげな」を表す。
ex. I think I'm emotionally fragile now.：私、
今、情緒不安定かも。

subtlety ▶ 人や感性の「繊細さ」「微妙な差異」を表す。
サトォティ subtleties of emotionで「感情の機微」。
ex. He does catch the subtleties of
emotion.：彼は感情の機微をきちんと読みとる。

delicate ▶ 味が「繊細な」、香りや色が「ほのかな」という意
デリケット 味。繊細な作り、優美な人や物にも使う。
ex. Every dish was delicate flavor.：どの料
理も繊細なお味でした。

exquisite ▶ 作品が「とても繊細で美しい」、振る舞いなどが
イクスクウィズィット 「優美で洗練された」の意味。fineも同様。
ex. What exquisite embroidery!：何て上品
で精緻な刺しゅうでしょう!

dainty ▶ 物や容姿などが、「繊細で優美な」「小さくて上品
ディンティ な」「華奢な」といった意味。
ex. I like dainty jewelry.：小さくて品のあるアク
セサリーが好み。

確実
《確信・絶対・確かな》

Positive Emotions

sure
シュア

▶ 裏づけがあるわけではなく、主観的に「確信して」いる状況で使う。
ex. I'm sure you'll like her.：彼女のこと、気に入ると思うよ。

certain
サートゥン

▶ 事実や証拠があり、客観的に「確信して」いる状況で使う。疑いのない様子。
ex. I'm certain he won't change his mind.：彼は考えを変えないと思うよ。

bet
ベット

▶ 「(賭けてもいいぐらい)絶対〜だと確信する」という意味の口語。強い自信を表す。
ex. I bet those two are dating!：あの2人は絶対につき合ってる！

reliable ▶ 情報などが「確実な」「信頼性のある」という意
リライアボォ 味。人に使うと「頼りになる」を表す。
ex. Is this reliable information? : これは確
かな情報なの？

definitely ▶ 主張を強調するときの「確かに」「絶対に」「間違
デファニタリィ いなく」。質問の答えにもよく使う。
ex. Do you think he will come? ／ Yes,
definitely. : 彼は来ると思う？／うん、絶対。

in the bag ▶ 勝利や成功が「ほぼ確実で」。勝利を確信した
インダ バーグ 野球チームが、袋に球を片づけはじめたことから。
ex. We're going to win this game. ／ Yeah,
it's in the bag. : この試合、勝てそうだね。／う
ん、間違いない。

097

遠慮

Positive Emotions

「謙遜・ためらう・慎む・控える」

hesitate
ヘザテイト
► 思い切りがつかず、行動に移せない状態の「遠慮する」「ためらう」。hold backも同様。
ex. She looked hesitating.：彼女は遠慮しているように見えた。

refrain
リフレイン
► from＋動詞のing形を続けて、「ある行動を慎む」という意味で使う。「～するのを遠慮する」。
ex. Please refrain from using your phone here.：ここでは携帯電話の使用をご遠慮ください。

feel free to
フィーオ フリー トゥ
► 「気軽に遠慮なく～する」という意味。toのあとは動詞。don't hesitate toも同じ意味。
ex. If you have questions, feel free to ask me.：質問があれば、遠慮なく聞いてね。

modest
マーディスト
► 自分の能力や功績などを鼻にかけず、「遠慮ぎみな」「謙遜した」「控えめな」の意味。ほめ言葉。
ex. He was very modest about his winning streak.：彼は連勝に関してとても謙虚だった。

decline
ディクライン
► 事情を考え合わせて、招待や依頼などを丁重に断るときの「辞退する」「遠慮する」。
ex. I appreciated the job offer, but I declined it.：仕事のご依頼はありがたかったけれど、辞退しました。

頑張る

〜一生懸命〜

~ hard
ハード

▶ 「身を粉にして〜する」「一生懸命〜する」の意。〜にはworkやstudy、tryなどの動詞が入る。
ex. I will try hard to get a deal.：契約をとれるよう頑張ります。

do one's best
ドゥー ワンズ ベスト

▶ 「自分なりに頑張る」という控えめな表現。結果が求められる大事な状況ではNG。
ex. I'm not confident, but I'll do my best.：自信はありませんが、頑張ります。

put all one's effort
プット オーゥ ワンズ エフォート

▶ 「全力で頑張る」という前向きな表現。give it one's all、give one's best shotも同じ。
ex. He put all his effort to win the championship.：優勝を目指して、彼は全力で頑張った。

keep on
キープ オン

▶ 「これからも〜を頑張る」「諦めずに〜し続ける」の意味。〜には動詞のing形が入る。
ex. It's important to keep on trying.：諦めずに挑戦し続けることが大切。

stick it out
スティック イット アウト

▶ 困難な状況でも「最後まで頑張る」。粘り強い頑張りを表す。persevereも同じ。
ex. Your encouragement helped me stick it out.：君の励ましのおかげで最後まで頑張れた。

応援

Positive Emotions

《頑張って・踏ん張って》

Go. ▶ スポーツの応援で「頑張れ」。Go, go.と繰り返し
ゴゥ たり、チーム名などを続けたりすることも。
ex. Go, Japan!：日本、頑張れ！

Go for it. ▶ 「目標に向かって頑張れ」の意味で、このitは
ゴゥ フォァ イット 「目標」。試合中の「行け行けー」にも使う。
ex. I'm thinking about trying this audition.
／ Great. Go for it!：このオーディションを受け
てみようと思って。／いいじゃん。頑張って！

Good luck. ▶ 試験や初デートなど緊張する予定が控えている
グッド ラック 人に、「うまくいくといいね」と幸運を祈る表現。
ex. Good luck in your presentation.：プレ
ゼン、頑張ってね。

Hang in there.

ハング イン デア

▶ 困難な状況下の人に言う、「諦めずに頑張って」「踏ん張って」。thereは「困難な状況」を指す。
ex. I know you're struggling now, but hang in there.：今はたいへんだろうけど、頑張って。

Keep it up.

キープ イット アップ

▶ すでに頑張っている人に、「その調子で頑張って」。Keep up the good work. も同じ。
ex. You're getting better at it. Keep it up.：上達しているね。その調子で頑張って。

Break a leg.

ブレイカ レッグ

▶ おもに舞台に出る人への「頑張って」。舞台で失敗しないよう、逆に「足を折れ」と言うおまじない。
ex. Tomorrow is the actual performance.／ Break a leg.：明日は本番。／頑張って。

keep one's fingers crossed

キープ ワンズ
フィンガーズ クロースト

▶ 「うまくいくよう祈っているから頑張って」という意味。幸運を祈るジェスチャーから。
ex. You have the interview? I'll keep my fingers crossed.：面接があるの？ 頑張ってね。

信じる

Positive Emotions

〈信用・信頼・確かな「

believe ▶ 「発言や情報などの内容が本当のことだと思う」
ブリーヴ   という意味の、「〜を信じる」。
          ex. I believe her. : 私は彼女の言ったことを信
          じるよ。

believe in ▶ その人の人間性や可能性、将来性などに強い確
ブリーヴ イン   信を持って、「〜を信頼する」「〜を信じる」。
            ex. I believe in her. : 私は彼女を信じている。

trust ▶ 人について「〜を信頼している」、発言や情報な
トラスト   どに関して「〜を信用する」の意味。
         ex. Are you sure you can do it? ／ Yes,
         trust me. : 本当にできるの？／うん、信用して。

reliable ▶ 人や情報などが「信用（信頼）できる」「確かな」。
リライアボォ　　trustworthyやcredibleも同様。
ex. She's a reliable secretary.：彼女は頼りに
なる秘書です。

buy ▶ もっともらしい話を「とりあえず信じる」「真に受け
バイ　　る」。否定文が一般的で、口語。
ex. I don't buy that kind of story.：その手の
話は信じないよ。

take one's ▶ 「〜の言うことを信じる」の意味。believeより軽
word for it　　いニュアンスで使う口語。
テイク ワンズ　　*ex.* Take your son's word for it.：息子さんの
ワード フォア イット　　言うことを信じてあげたら？

believe it ▶ 相手が驚きそうなことを言うときの前置きで、「信
or not　　じないかもしれないけど」といった意味。
ブリーヴ イット オア ノット　　*ex.* Believe it or not, I have a teaching
license.：信じないかもしれないけど、私、教員
免許を持っているの。

認める

〈受け入れる・よく思う〉

admit ▶ 失敗や負け、受け入れたくない事実などを
アドミット 　「（渋々）認める」。
　ex. I have to admit he's right.：彼が正しい
　と認めざるを得ない。

recognize ▶ 重要性や価値、存在感などを「認める」。
レキグナイズ 　acknowledgeも同様。
　ex. Everyone recognizes him as a great
　baseball player.：彼が偉大な野球選手である
　ことは、だれもが認めている。

allow ▶ 許可や黙認を表して、「〜に…することを認める」。
アラウ 　permitも同様。
　ex. My doctor allowed me to spend the
　weekend at home.：週末の一時退院を、担当
　医が認めてくれた。

grant
グラント
▶ 「〜に…だと認める」を表す。事実を認めつつ、それに反する事柄を続けることが多い。
ex. I grant you that he's rich, but he's stingy.：彼が金持ちなのは認める。でも、ケチだよね。

approve
アプルーヴ
▶ 人や行為を肯定的にとらえ、「よいと認める」「よく思う」の意味。具体的な内容は of 〜で表す。
ex. I'm relieved my parents approve of my boyfriend.：両親が彼氏を気に入って安心した。

face up to
フェイス アップ トゥ
▶ いやな事実や好ましくない状況などで、「〜を認める」「〜を受け入れる」「〜を直視する」。
ex. I will face up to the fact I wasn't chosen.：自分が選ばれなかった事実をちゃんと受け入れます。

助ける

Positive Emotions

「救う・手伝う・守る」

help
ヘョプ

▶ 「（〜を）助ける」「（〜を）手伝う」を表す一般的な語。「手助け」「援助」といった名詞にもなる。
ex. Help!：助けてー！

save
セイヴ

▶ 危険や困難から「〜を助ける」「〜を救う」、また、破壊や損失などから「〜を守る」の意味。
ex. AEDs can save many lives.：AED（自動体外式除細動器）で多くの命が救える。

rescue
レスキュー

▶ 危険な状況から、迅速に「〜を助け出す」「〜を救助する」という意味。
ex. They rescued a cat from the ditch.：彼らは溝にはまった猫を助け出した。

aid
エイド

▶ 困難な状況にある国や団体、人々などへの「公的な援助」を表す。かたい語。
ex. After the earthquake, Japan sent them emergency aid.：地震発生後、日本は緊急援助物資を送った。

assist
アシィスト

▶ helpのかたい語で、補助的に「（〜を）助ける」「（〜を）手伝う」という意味。
ex. I assist elderly people with their meals.：高齢者に食事の介助をしています。

hand
ハンド

▶ 「手助け」「手伝い」を表すくだけた語。give ~（人）a handで「〜に手を貸す」の意味。
ex. Will you give me a hand? ／ Sure.：手を貸してくれませんか？／いいですよ。

許す

Positive Emotions

〈大目に見る・許可・認める〉

forgive ►
フォァギヴ

容赦や勘弁を表す。人や行為、過去の事実など について、「(〜を)許す」という意味。
ex. Why don't you forgive him? : 彼のこと、 許してあげたら?

allow ►
アラウ

許可を表して、「〜(すること)を認める」という 意味。単に黙認する場合にも使う。
ex. This café allows dogs. : このカフェは犬も 入れます。

permit ►
パーミット

規則や権限により「〜を許可する」を表す。受け 身で表すことが多く、allowより強い許可をいう。
ex. Keeping a wild bird as a pet is not permitted. : 野鳥をペットとして飼うことは禁じ られています。

let レット	▶	意味の軸は、相手のしたいことを止めない。let A ~で「Aに~させ（てあげ）る」。 *ex.* Let me try it.：私にもやらせて。
overlook オウヴァールック	▶	失敗や欠点などについて目をつぶること。「~を 大目に見る」「~を許す」の意味。 *ex.* My boss kindly overlooked my being late.：上司が私の遅刻を大目に見てくれた。
Apology ***accepted.*** アパーラジィ アクセプティッド	▶	相手の謝罪を受け入れて、「許してあげるよ」と 返すときの表現。 *ex.* I'm sorry. ／ Apology accepted.：ごめん ね。／いいよ、許してあげる。

励ます

Positive Emotions

cheer ~ up
チア アップ

▶ 「〜を元気づける」「〜を励ます」という意味。
Cheer up. で「元気を出してね」。
ex. I took her out to lunch to cheer her up.
：彼女を元気づけるため、ランチに連れ出した。

be heartened
ビー ハートゥンド

▶ 「励まされる」「元気づけられる」「勇気づけられ
る」という意味の受け身。
ex. I was heartened to see you. ：あなたに会
えて元気づけられたわ。

encouraging
インカリジング

▶ 「励みになる」「パワーになる」という意味。そのよ
うな存在の人や物、結果などに使う。
ex. Your words are encouraging. ：あなたの
言葉は励みになる。

pep talk
ペップ トーク

▶ 「激励の言葉」「発破」「叱咤激励」などを表す名
詞。くだけた語。pepは「元気」「活力」。
ex. He often gives me a pep talk. ：彼はよく
私を激励してくれる。

*if it's any
consolation*
イフ イッツ エニィ
カーンサレイション

▶ 相手の悲しみ、落胆、心配などを和らげ、励ます
ときの前置き。「慰めになるかわからないけど」。
ex. If it's any consolation, I was rejected,
too. ：慰めになるかわからないけど、私も不採用
だったのよ。

*Don't let it
get to you.*
ドゥント レット イット
ゲットゥー ユー

▶ 悩んだり、落ち込んだりしている人に、「気にする
ことないよ」とかけるひと言。
ex. Don't let it get to you. You should move
on. ：そんなの気にせず、気持ちを切り替えよう。

113

feel sorry
フィーォ サーリィ

► このsorryは同情を表し、全体で「不憫に思う」「気の毒に思う」の意味。
ex. I feel sorry for kids who have no time to play. : 遊ぶ時間のない子どもたちが不憫だ。

sympathetic
スィンパセティック

► 「同情的な」「思いやりのある」という意味。sympathyは名詞で、「同情」「思いやり」。
ex. I'm sympathetic to his parents. : 彼の両親に同情してしまう。

empathize
エンパサイズ

► 自分も同じ経験があるので、「気持ちがわかる」「共感する」「感情移入する」といった意味。
ex. My dog died last year, so I can empathize with you. : 私も昨年愛犬を亡くしたから、気持ちがわかるわ。

compassion
カンパッション

► 弱者などへの「深い同情」「慈悲心」。助けたいという優しさを含む。sympathyより強い。
ex. I couldn't help feeling compassion for the orphans. : 孤児たちを哀れに思わずにいられなかった。

pity
ピティ

► 他人の不幸に対する「同情」「哀れみ」を表す。うわべだけのことがあり、ときに見下す印象も。
ex. I don't want your pity. : あなたに同情されたくないわ。

うらやましい

Positive Emotions

〔いいなあ・妬ましい〕

lucky ► 人の幸運などに対する「いいなぁ」を表す。軽い
ラッキィ うらやましさを表す日常表現。
ex. You got a ticket!? You're lucky! : チケッ
トがとれたの!? いいなぁ!

jealous ► I'm jealous. で、日本語の感覚に近い「うらやま
ジェラス しい」「いいなぁ」。妬みのニュアンスはない。
ex. You're going to LA? I'm so jealous. : ロ
サンゼルスへ行くの? めっちゃ、うらやましい。

envy ► 人の持ちものや状況、才能、功績などを、「うら
エンヴィ やましく思う」「妬む」という意味。
ex. I envy your carefree and leisurely life.
: あなたの悠々自適な生活がうらやましい。

awesome ► 相手に「すごーい」「いいじゃん」と、感動を示す
アーサム ときに使う。great や terrific も同様。
ex. I got a limo ride in Paris! / Wow, that's
awesome! : パリでリムジンに乗ったよ。/ わぁ、
すごーい!

green with ► 「ひどく嫉妬して」という意味で、ネガティブなニュ
envy アンス。シェイクスピアの『オセロ』のセリフから。
グリーン ウィドゥ エンヴィ *ex.* Are you green with envy over his
success? / Not really. : 彼の成功に嫉妬して
るの?/ 別に。

The grass is ► 「隣の芝生は青い」の意味のことわざ。人の物や
always greener 状況がよりよく見えることのたとえ。
(on the other side). *ex.* I envy your job. / Well, the grass is
ダ グラス イズ オーゥウェイズ always greener. : 君の仕事がうらやましい。/
グリーナー (オンディ アダー サイド) 隣の芝生は青く見えるものだよ。

ほめる

Positive Emotions 〈お世辞・称賛・絶賛〉

praise
ブレイズ
▶ 努力や達成、よい行いなどに感心して、「～をほめる」。かたい類語にcommendがある。
ex. My boss praised me for my presentation.
：上司がプレゼンをほめてくれた。

compliment
カンブリメント
▶ 持ちものやハイセンスなどへの「ほめ言葉」。動詞で使う場合は「～をほめる」「～を称賛する」。
ex. I like your hair. ／ Thanks for the compliment.：素敵な髪型ね。／ほめてくれて、ありがとう。

flatter
フラター
▶ 「～に心にもないお世辞を言う」「～をほめそやす」などの意味。flatteryは「お世辞」。
ex. I know you're just flattering me.：どうせ、お世辞でしょ。

rave
レイヴ

▶ 「絶賛する」「べたぼめする」を表す口語。夢中に話すイメージ。内容はaboutやoverで表す。
ex. The world raves about her acting skill.
：世界中が彼女の演技力を絶賛している。

speak highly of
スピーク ハイリィ オヴ

▶ 漠然と「〜をほめる」「〜のことをよく言う」。
think highly ofで「〜を高く評価する」。
ex. Everyone speaks highly of him.：みんな彼のことをよく言う。

say
セイ

▶ 直訳は「〜と言う」。ほめる内容を続けると、「〜とほめる」というニュアンスになる。
ex. Your mom says you study hard.：勉強を頑張ってると、お母さんがほめてたわよ。

頼る

Positive Emotions

当てにする・依存・信頼・すがる

depend on
ディペンド オン

▶ 「～を頼る」「～を当てにする」「～に依存する」など、幅広く使える。depend uponも可。
ex. I try not to depend on my parents too much.：親に頼りすぎないようにしている。

count on
カウント オン

▶ 頼れる、信頼できると見込んで、「～を頼る」「～を当てにする」。rely onも同じ。
ex. I'm counting on you! ／ Yes, sir.：頼むぞ！／わかりました。

reliable
リライアボォ

▶ 仕事ぶりや性能、情報などが「頼り（当て）になる」「信頼性の高い」。dependableも同様。
ex. Japanese cars are reliable.：日本車は信頼性が高い（安心して乗れる）。

trust
トラスト

▶ 勘や直感、記憶（力）や判断（力）などを正しいと信じて、「～に頼る」。
ex. Maybe you should trust your intuition.：直感に頼るといいかも。

fall back on
フォーゥ バック オン

▶ 困ったときに「～を当てにする」「～にすがる」。最後の拠りどころのようなニュアンス。
ex. I'm jobless and falling back on my savings.：失業し、預金をとり崩しています。

turn to
ターント トゥ

▶ 助けなどを求めて、「～に頼る」「～に救いを求める」「（酒など）におぼれる」などの意味。
ex. Some people turn to religion.：宗教に救いを求める人もいる。

祝う 〔おめでとう・乾杯〕

Positive Emotions

celebrate ► 新年などの行事や優勝などのめでたいことを、
セレブレイト 「祝う」「祝賀する」。目的語は物事。
ex. We're going to celebrate our father's
60th birthday.：みんなで父の還暦を祝う予定。

congratulate ► 人を「祝う」、人に「お祝いを言う」の意。目的語
カングラジュレイト は人。内容はon＋名詞や動詞のing形で表す。
ex. Friends congratulated me on passing
the exam.：友だちが試験合格を祝ってくれた。

toast ► 成功や門出などを祝う「乾杯」。drink a toast
トウスト to ~で「〜に（〜を祝して）乾杯する」。
ex. Now, let's drink a toast to the bride
and groom.：さぁ、新郎新婦に乾杯しよう。

Congratulations. ► 努力して何かを達成した人、幸せをつかんだ人
カングラジュレイションズ に言う「おめでとう」。内容はon ~で表す。
ex. Congratulations on your newborn
baby!：赤ちゃんの誕生おめでとう！

Happy ~. ► 正月などの祭日、誕生日、記念日など、毎年め
ハピィ ぐってくる行事に対する「〜おめでとう」。
ex. Happy 10th Anniversary.：10周年記念お
めでとうございます。

思い出す

〈 記憶・懐かしい・振り返る 〉

remember ▶ 「～を思い出す」を表す一般的な語。「～を覚え
リメンバー ている」という意味でも使う。
ex. Oh, I just remembered the name of the
store!：あっ、店の名前を今、思い出した！

recall ▶ 忘れかけていることを頑張って「思い出す」場合
リコーォ によく使う。recollectはかたい類語。
ex. I can't recall what she said.：彼女が何
と言ったか思い出せない。

look back ▶ 昔のことを「振り返る」「思い出す」という意味。
ルック バック 思い出す内容はon ~を続けて表す。
ex. Looking back, I've experienced many
different things.：振り返ると、さまざまな経験
をしたなぁ。

remind ▶ 「～に思い出させる」の意味。主語を見聞きして、
リマインド ほかのことを思い出したときに使う。
ex. This song reminds me of my high school
days.：この曲を聴くと、高校時代を思い出す。

memory
メモリィ

▶ 「思い出」「記憶」。「よい思い出」はfond
memory。good memoryだと「記憶力のよさ」。
ex. I have a vivid memory of that day.：あ
の日のことを鮮明に覚えている。

Those were
good old days.
ドウズ ワ〜 グッド オーゥド デイズ

▶ 昔を懐かしむ表現。「あのころはよかったなぁ」
「あのころが懐かしい」のニュアンス。
ex. Yeah, those were good old days.：ホント、
あのころは楽しかったね。

nostalgic
ノスタゥジック

▶ 故郷や昔を思い返して、「懐かしく思う」気持ち
を表す。感傷的な感じも含む。
ex. Looking at my old photos made me feel
nostalgic.：写真を見たら、昔が懐かしくなった。

keepsake
キープセイク

▶ 大切な人を「思い出すもの」「形見」。類語の
mementoは人やできごとの「思い出となるもの」
「記念品」。
ex. He gave me this watch as a keepsake.
：彼が思い出にと、この腕時計をくれた。

秘密

Positive Emotions

〈隠す・内緒・伏せる〉

secret ►
スィークレット

「秘密（の）」「内緒（の）」を表す一般的な語。
top secretで「極秘」「機密」。
ex. What is it? ／ Sorry, it's a secret. : ねぇ、
何？／ごめん、秘密なの。

private ►
プライベット

「仲間内だけの」「非公開の」という意味で、「秘
密の」を表す。
ex. You should keep your personal
information private. : 個人情報は非公開にし
たほうがいい。

confidential ►
カンフィデンシャォ

情報などが「秘密の」「マル秘の」という意味。封
筒に書いてある場合は「親展」の意味になる。
ex. Please treat it confidential. : 他言無用
でお願いします。

hide ►
ハイド

事実など「〜を隠しておく」「〜を秘密にしておく」
という意味の動詞。過去形はhid。
ex. Aren't you hiding something from me?
: 何か私に隠してない？

between you ▶ 内密の話をするときの前置きで、「ここだけの話
and me だけど」。between usということもある。
ビトウィーン ユー アンド ミー *ex.* Between you and me, he's having an
affair.：ここだけの話だけど、彼、浮気してるよ。

skeleton in ▶ 「人に知られたくない秘密」という意味。とくに、
the closet 恥ずかしい過去や家庭の事情などに使う。
スケラトン インダ クロウゼット *ex.* Everyone has a skeleton in the closet.
：だれだって知られたくないことはあるよ。

spill the ▶ 「秘密を漏らす」という意味の口語表現。投票の
beans 賛成反対を表す白と黒の豆をこぼしたことから。
スピォダ ビーンズ *ex.* I wonder who spilled the beans.：だれ
が秘密を漏らしたんだろう？

My lips are ▶ 「だれにも言いません」と約束する表現。「私の唇
sealed. はかたく閉じられている」が直訳。
マイ リップス アー スィーォド *ex.* Don't tell anyone. ／ My lips are sealed.
：ほかの人には内緒よ。／だれにも言わないわ。

気持ちを表すジェスチャー

Column 3

Good.

「いい」「OK」「よくやった」
握った手の親指を上に立てる。
満足や賛成、支持、高評価など
を表す。両手で行うと、「最高」
の意味になる。

Phew.

「ほっ」「やれやれ」
敬礼のイメージで、片手を額に
あてて汗をぬぐうようなジェスチ
ャー。安心したとき、危険を切り
抜けたときなどに使う。

Knock on wood.

「自慢しすぎちゃった」
手のこぶしでテーブルなど木製
品をたたく（木製品以外でも
可）。自分や身内の幸運自慢を
したとき、幸運が逃げないよう
にするためのおまじない。

Good luck.

「うまくいくといいね」
ピースした状態から、中指を人
差し指に引っかけて、十字架の
ような形を作る。「うまくいくよう
に」と願うジェスチャー。

2

Negative Emotions
マイナスの気持ち

悲しい

Negative Emotions

〈傷心・ショック・悲嘆〉

sad
サド
> 「悲しい」を表す一般的な語。「寂しい」「ショックな」「残念な」というニュアンスもある。
> *ex.* I'm sad my teacher will go back to Canada.：先生がカナダに帰国しちゃうなんて、ショック。

unhappy
アンハピィ
> 不満や不幸、不運、惨めさなどから感じる、「悲しい」気持ちを表す。気軽に使える語。
> *ex.* I was unhappy they kept it secret.：秘密にされて悲しかった。

sorrowful
ソーラフォゥ
> sadの強調語で、「悲嘆にくれた」「とても悲しそうな」といった意味。かたい語。
> *ex.* He was sorrowful about what he was seeing.：目の前の光景に、彼は悲嘆にくれた。

devastated
デヴァステイティッド
> 「ひどくショックを受けた」という意味。精神的に打ちのめされた感じ。
> *ex.* I was devastated by my parents' divorce.：両親の離婚はとてもショックだった。

downcast
ダウンキャスト
▶ 「(表情が)悲しげな」「うつ向いた」など、悲しい
様子を表す。「落胆した」の意味もある。
ex. She had a downcast look.：彼女は悲し
げな表情をしていた。

broken-hearted
ブロウクン ハーティッド
▶ 失恋や死別による強い悲しみを表す。「失恋した」
「傷心した」などの意味。
ex. She was broken-hearted when her
partner left.：恋人と別れて、彼女は傷心して
いた。

grief-stricken
グリーフ ストリケン
▶ 「悲しみに打ちひしがれた」という強い意味。とく
に、悲報や訃報に接したときに使う。
ex. He was grief-stricken to hear the news.
：彼は知らせを聞いて悲しみに打ちひしがれた。

tragic
トラジック
▶ 「悲惨な」「痛ましい」「悲劇的な」を表す。事故
や災害、死などについて多く用いる。
ex. That was a tragic accident.：それは悲惨
な事故だった。

depressed
ディプレスト

▶ 「落ち込んだ」「ふさぎ込んだ」を表す一般的な語。医療では「うつ状態で」の意味。
ex. You look depressed.What happend? : 落ち込んでいるようだけど、どうしたの？

feel down
フィーオ ダウン

▶ 「落ち込む」という意味。このdownは気持ちの落ち込みを表す。feel lowということもある。
ex. I lost my favorite ring. I'm feeling down. : お気に入りの指輪をなくして、落ち込んでいる。

discouraged
ディスカーリッジド

▶ 落ち込んで、やる気や自信を失った状態を表す。「弱気になった」「落胆した」などのニュアンス。
ex. I was discouraged by the negative comments. : 否定的な意見に落ち込んだ。

downhearted
ダウンハーティッド

▶ 落胆と悲しみを表す語。期待どおりにことが進まず、「気持ちが沈んだ」ときなどに使う。
ex. I was downhearted when there was no reply. : 返信がなくて、気持ちが沈んだ。

one's heart sink
ワンズ ハート スィンク

▶ 「〜の心が沈む」が直訳。気が滅入るような落ち込みを表す。
ex. My heart is sinking. : 気分が滅入ってる。

disconsolate
ディスカーンサラット

▶ 慰めようもないくらい「気持ちが沈んだ」という意味で、ひどい落ち込みや絶望を表す。かたい語。
ex. They were disconsolate to lose in the final. : 決勝戦で敗れ、皆ひどく落ち込んでいた。

がっかり

〈期待外れ・残念・しょんぼり〉

disappointed
ディサポインティッド

▶ 「がっかりした」を表す一般的な語。「がっかりさせるような（物や人）」ならdisappointingを使う。
ex. I'm disappointed. : がっかりだなぁ。

letdown
レットダウン

▶ 「期待外れ」「がっかり」を表す名詞。くだけた語。let-downと書くこともある。
ex. How was the movie? / It was a letdown.
: 映画はどうだった？／期待外れ。

bummer
バマー

▶ がっかりさせる状況、期待外れな事柄について使う。くだけた語。名詞。
ex. The game has been rained out. What a bummer. : 試合は雨で中止だって。がっかり〜。

unfortunate
アンフォーチュネット

▶ 不適切な行動や発言などについて、「がっかりだ」「残念だ」「遺憾だ」というニュアンス。
ex. It's unfortunate she said such a thing.
: 彼女の発言にはがっかりだ。

shame
シェイム

▶ 「残念なこと」という意味の名詞。がっかり感が
含まれている。
ex. It's a shame my favorite shop closed
down.：お気に入りの店が閉店して、残念。

*That's
too bad.*
ザッツ トゥー バード

▶ 相手の発言を受けて、「それは残念」と言うとき
の口語表現。がっかりな気持ちを表す。
ex. I can't come on Saturday. ／ That's too
bad.：土曜日、行けなくなっちゃった。／えー、
残念。

crestfallen
クレストフォールン

▶ 予想外の失敗などに対する、「意気消沈した」
「がっかりした」「しょんぼりした」を表す。
ex. He lost the match and was crestfallen.
：彼は試合に負けて、意気消沈していた。

dejected
ディジェクティッド

▶ 「しゅんとなった」「元気をなくした」を表す語。一
時的な落胆を表すことが多い。
ex. She was dejected of her low test
score.：テストの点数が悪くて、彼女はしゅんと
なった。

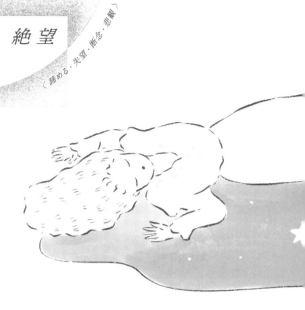

絶望

Negative Emotions

〈諦める・失望・断念・悲観〉

despair
ディスペア
► 「絶望する」を表す一般的な語。in despair（絶望して）の形で使うこともある。
ex. Don't despair.：絶望しないでね。

hopeless
ホウプレス
► 改善や成功の見込みがなく、「絶望的な」「無理な」。人に用いると、「救いようがない」「どうしようもない」となる。
ex. This is hopeless.：こりゃ無理だ。

give up hope
ギヴ アップ ホウプ
► 「希望を捨てる」「諦める」の意味。具体的な内容はof ~（～の）を続けて表す。
ex. I gave up hope of studying abroad.：留学を断念した。

It's the end of the world.
イッツディ エンド オウダ ワーォド

▶ 文字どおり、「この世の終わり」という意味。悲観した表現。否定文で人を励ますこともある。
ex. It's not the end of the world. Cheer up.
：この世の終わりじゃないんだから、元気出して。

despondent
ディスパンデント

▶ 希望をなくして、「落胆した」「失望した」という意味。かたい語。
ex. I'm feeling despondent about everything.：いろんなことに失望している。

pessimistic
ペサミスティック

▶ 「悲観的な」「厭世的な」という意味。「悲観主義者」はpessimistと表す。
ex. He's pessimistic about his future.：彼は将来を悲観している。

いや

〈うんざり・不愉快〉

Negative Emotions

not like
ノット ライク

▶ いやなこと、気が進まないことに使う。強調して「すごくいや」はhate（〜が嫌い）を用いる。
ex. I don't like being told what to do. : 指図されるの、いや。

not want to
ノット ワン トゥ

▶ やりたくないことに使う。「〜するのいやだな（面倒くさいな）」というニュアンス。
ex. I don't want to take a barium meal test. : バリウム検査、いやだな。

can't stand
キャント スタンド

▶ 「〜に我慢できない」という意味。can't takeやcan't bearと表すこともある。
ex. I can't stand it! : （現状に）もう我慢できない！

unpleasant
アンプレズント

▶ 「いやな」「不愉快な」を表す一般的な語。不快感を与える人や物、状況などに使う。
ex. Forget about unpleasant things.：いやなことは気にしないほうがいいよ。

be sick of
ビー スィック オヴ

▶ 「～にうんざり」という意味。嫌気を表す。ほかに、be tired ofやbe fed up withも同様に使う。
ex. You're always complaining. I'm sick of it.：あなたって文句ばっかり。もううんざり。

disgusting
ディスガスティング

▶ 強い不快感を表す。「気分が悪くなりそうな」「いやな」「最低」「むかつく」などの意味。
ex. He's disgusting.：あの人、最低。

No way.
ノウ ウェイ

▶ 「絶対いや」「冗談じゃない」といった強い拒否。提案や依頼を受け入れたくないときに使う。
ex. Can you lend me some money? ／ No way.：お金、貸してくれない？／いやだよ。

気持ち悪い

「気味の悪い」「奇妙」へん」

yucky ▶ 「気持ち悪い」「ひどく不快な」「まずい」という意
ヤッキィ 味の、強い語。nastyも同じ。
ex. What's this? It's yucky.：何、これ？ 気持
ち悪ーい。

spooky ▶ 「おばけが出そうな」「薄気味悪い」の意。不気味
スプーキィ な気持ち悪さを指す。creepyともいう。
ex. It's spooky here.：ここ、薄気味悪いね。

weird ▶ 異様さからくる「気味の悪い」「奇妙な」を表す語。
ウィアード 「へんな」の意味で使うことも多い。
ex. This place gives me weird vibes.：この
場所、ちょっと気味が悪い。

eww ▶ 「キモッ」「オエッ」「ゲッ」など、不快な気持ち悪さ
イーウ を表す語。yuckやgrossということもある。
ex. You ate it? Eww.：それ、食べたの？ ゲッ。

sick ▶ 体調が優れないときの「気持ちが悪い」「具合が
スィック 悪い」「吐きそう」。
ex. I drank too much and I feel sick.：飲み
すぎて気持ちが悪い。

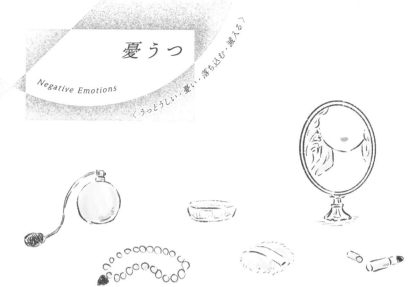

feel blue
フィーォ ブルー
▶ 「憂うつになる」「気持ちが落ち込む」といった意味。feel depressedも同じ。
ex. I feel blue on rainy days.：雨の日は憂うつだ。

gloomy
グルーミィ
▶ 「気の滅入るような」の意味。feel gloomyで「暗い気持ちになる」。
ex. The news made me feel gloomy.：そのニュースで気持ちが暗くなった。

depressing
ディプレスィング
▶ 「憂うつにさせるような」「重苦しい」「うっとうしい」という意味。
ex. It's depressing to work overtime every day.：毎日残業で憂うつ。

melancholy
メランカーリィ

▶ 「憂うつにさせるような」を表す形容詞。「哀愁」
「もの悲しさ」を表す名詞にもなる。
ex. The movie made me feel melancholy. :
その映画を見て、憂うつな気持ちになった。

low-spirited
ロウ スピリティッド

▶ 「憂うつな」「元気のない」「意気消沈した」を表
す形容詞。be in low spiritsも同じ。
ex. You look low-spirited today. What's
wrong? : 今日は元気がないね。どうしたの？

down in
the dumps
ダウン インダ ダンプス

▶ 「ふさぎ込んで」「がっくりして」「憂うつで」を表
すくだけた語。
ex. Why is she so down in the dumps? : 彼
女はどうしてあんなにふさぎ込んでいるの？

嫌う

Negative Emotions

〈いや・嫌悪・苦手〉

not like
ノット ライク

▶ 「〜が好きではない」「〜が苦手」といった控えめ
な表現。very muchをつけると、「〜があまり好き
ではない」。
ex. I don't like cilantro.：パクチーが苦手。

not care for
ノット ケア フォア

▶ 「〜が好きではない」「〜は好かない」という意味
のやわらかい表現。not likeの類語。
ex. I don't care for this drama.：このドラマ
は好きじゃないんだよね。

dislike
ディスライク

▶ 「〜を嫌う」「〜をいやだと思う」という直接的な
表現。not likeより意味が強い。
ex. Why do you dislike her?：どうして彼女の
ことが嫌いなの？

hate
ヘイト

▶ 「〜をひどく嫌う」という強い嫌悪感を表す。
dislikeの強調語。
ex. He often cancels at the last minute. I
hate it.：彼はよくドタキャンする。すごくいや。

detest
ディテスト

▶ 「〜が大嫌い」「〜を嫌悪する」を表す。hateより
さらに強い語。loatheやdespiseも同じ。
ex. I detest bossy people.：私、横柄な人っ
て大嫌い。

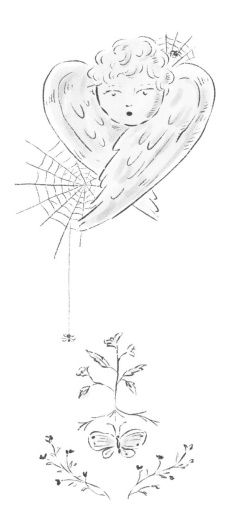

painful ► 体の痛みだけでなく、精神的な「苦しい」「つら
ペインフォゥ 　　い」「痛ましい」にも使う。
　　　　　　　ex. Remembering the day is painful.：その
　　　　　　　日を思い出すのはつらい。

hard ► 肉体的、精神的に「苦しい」「つらい」「たいへん
ハード 　　な」という意味。
　　　　　　　ex. It's really hard to bring up a child
　　　　　　　alone.：ワンオペ育児は本当にたいへん。

suffer ► 「苦しむ」「苦悩する」を表す一般的な語。精神
サファー 　　的、肉体的、経済的など幅広く使える。
　　　　　　　ex. The athlete suffered from injuries during
　　　　　　　the season.：その選手はシーズン中ずっと、け
　　　　　　　がに苦しんだ。

struggle ► 「もがく」「奮闘する」の意味。to ＋動詞を続けて、
ストラゴォ 　　「必死に～する」「～に四苦八苦する」。
　　　　　　　ex. I'm struggling to make ends meet.：家
　　　　　　　計をやりくりするのに必死です。

have a ► 「苦しい状況にある」という意味。動詞のing形
hard time 　　を続けて「～するのに苦労する」。
ハヴァ ハード タイム 　　*ex.* I'm having a hard time finding a job.：
　　　　　　　仕事を見つけるのに苦労している。

anguish ► 精神的、肉体的な激しい「苦痛」や「苦悶」「苦
アングウィッシュ 　　悩」を表す名詞。かたい語。
　　　　　　　ex. Her anguish is indescribable.：彼女の
　　　　　　　苦悩は言葉では言い表せない。

厳しい

〈 過酷・厳格・厳重 〉

strict
ストリクト
▶ 親や教師がしつけなどで、規則や規律をしっか
り守らせようとする厳しさを表す。形容詞。
ex. My father was strict with me when I was
a child. : 子どものころ、父は私に厳しかった。

severe
シヴィアー
▶ 天候や発言、処罰などが容赦なく「厳しい」、人が
「手厳しい」など。harshも同様。
ex. We had a severe winter this year. : 今年
は厳しい冬だった。

stern
スターン
▶ 「厳格な」「いかめしい」を表す。温かみや情け
容赦がなく、冷たい感じ。
ex. My boss is stern and never smiles. : 上
司は厳格で、ニコッともしない。

rigid ▶ 柔軟性や融通性がなく、規則や制度が「厳正
リジッド　　　な」、性格や考えが「頑固で厳しい」を表す。
ex. Don't you think our school rules are
too rigid?：うちの学校は、校則が厳しすぎじゃ
ない?

tight ▶ 予算や時間などに余裕がなくて「厳しい」、規制
タイト　　　や警備などが「厳重な」という意味。
ex. I only work three days a week, and
money is tight.：週3日のみの勤務で、金銭的
に厳しい。

grim ▶ 現状や見通しなどが「厳しい」「明るくない」、表
グリム　　　情などが「近寄りがたい」「険しい」。
ex. How is the outlook? ／ It'll be pretty
grim.：先行きはどう?／結構、厳しいだろうな。

rigorous ▶ 人や規律、評価が「厳しい」、検査や基準が「厳
リガラス　　　格な」、訓練や学業が「過酷な」。
ex. It didn't meet the rigorous quality
standards.：それは厳しい品質基準を満たさな
かった。

困る

Negative Emotions

〈苦労：たい〜ん、どうしよう〉

What should I do?

ワット シュド アイ ドゥー

➤ 問題や困りごとが発生したときに言う、「（困った）どうしよう」。

ex. Oh no, where's my key? What should I do?：あれ、カギがない！ どうしよう？

not know what to

ノット ノウ ワットゥー

➤ 動詞を続けて、「何を〜すればいいかわからなくて困る」。日常の軽い困りごとに使う。

ex. At this time of the year, I don't know what to wear.：この時期は着るものに困る。

in trouble

イン トラブォ

➤ 「ひどく困って」「たいへんな状況で」の意味。かなり深刻ならat a loss（途方に暮れて）も可。

ex. My flight has been canceled. I'm in trouble.：飛行機が欠航しちゃった。さぁ困った。

have difficulty

ハヴ ディフィカゥティ

➤ 「困る」「苦労する」という意味。困難な事柄に使う。have troubleやhave a problemも同様。

ex. I'm having difficulty falling asleep.：なかなか寝つけず困っています。

That's not good.

ダッツ ノット グッド

➤ 相手の要望や提案が自分に不都合で、「それは困る」と、やんわりNo.と言いたいときに使う。

ex. Can I have this? ／ Well, that's not good.：これ、もらってもいい？／う〜ん、それは困る。

不幸

Negative Emotions

「ツイてない・不運・惨め」

unhappy
アンハピィ

➤ 「不幸せな」「恵まれていない」「惨めな」を表す一般的な語。
ex. He had an unhappy childhood.：彼は恵まれない幼少期を過ごした。

unlucky
アンラッキィ

➤ 「運が悪い」「ツイていない」という意味。unlucky in loveで「恋愛運がない」。
ex. It's been an unlucky year.：今年はツイてないなぁ。

bad luck
バッド ラック

➤ 「不運」「悪運」「災難」という意味。「ツイてないね」と言いたいときにも使える。
ex. Oh no, they're temporarily closed!? ／ Bad luck.：えっ、臨時休業!?／ツイてないね。

misfortune
ミスフォーチュン

▶ 「不幸なできごと」「災難」「逆境」を表す。have
the misfortune to ~で「不幸にも~する」。
ex. It isn't nice to laugh at someone's
misfortune.：人の不幸を笑うのはよくない。

unfortunately
アンフォーチュネトリィ

▶ 「不運なことに」という前置き。「あいにく」「残念
ながら」といったニュアンスもある。
ex. Unfortunately, I didn't have my driver's
license with me.：運悪く、運転免許証を携帯
していなかった。

*It could've
been worse.*
イット クダヴ ビン ワース

▶ 「もっと悪くなり得た」が直訳で、「その程度で済
んだのが不幸中の幸い」といった意味。
ex. My car got wrecked, but it could've
been worse.：愛車の大破だけで済んだのが
不幸中の幸い。

不満

Negative Emotions

〈苦情・愚痴・不愉快・文句〉

unhappy
アンハピィ

▶ 「不満な」「うれしくない」という意味。不満の対象はaboutやwith、to＋動詞で表す。
ex. What are you so unhappy about?：何がそんなに不満なの？

dissatisfied
ディスサティスファイド

▶ 自分の期待や欲求を満たせず、「不満な」という意味。不満の度合いが高い。
ex. Many people are dissatisfied with their salary.：多くの人が給料に不満を持っている。

discontent
ディスカントント

▶ 改善されない状況や待遇に対して募る「不満」。形容詞はdiscontented（不満が募って）。
ex. Public discontent is growing.：国民の不満が高まっている。

complaint
カンプレイント

▶ 「不満」「愚痴」「苦情」「クレーム」という意味の名詞。動詞はcomplain（不平を言う）。
ex. I don't like to deal with customer complaints.：客のクレーム対応はいや。

grumble
グランボォ

▶ 「ぶつぶつ文句を言う」「ぼやく」という意味。不満の対象はaboutやoverで表す。
ex. She grumbled about their slow service.
：店のもたもたした対応に彼女は文句を言った。

moan
モウン

▶ 「愚痴をこぼす」「不満げに言う」といった意味。grumbleのくだけた語。
ex. You're always moaning.：あなたって、いつもグチグチ言ってるよね。

whine
ワイン

▶ 「だだをこねる」「泣き言を言う」という意味。とくに、子どもがぐずるときに使う。
ex. I want this! ／ Stop whining.：これがほしいのっ！／わぁわぁ言うのはやめなさい。

displeasing
ディスプリーズィング

▶ 人にとって「非常に不満な」「非常に不愉快な」という意味。かたい語。
ex. Unmannered tourists are really displeasing.：マナーの悪い観光客って、ホント不愉快。

worry ワーリィ	▶	親が子どもを心配するなど、普段から気がかりなこと、漠然とした心配ごとなどに使う。動詞。 *ex.* My parents worry about me too much. ：うちの親は私のことを心配しすぎ。
worried ワーリィド	▶	具体的な心配ごとについて、「心配して」「不安で」という意味。形容詞。 *ex.* He works too hard. I'm worried about his health.：彼は働きすぎ。体が心配だわ。
concerned カンサーンド	▶	「懸念して」という意味。対策や代案にまで及ぶことが多い。少しかたい語。 *ex.* I'm concerned about the traffic. Let's leave early.：渋滞が心配。早く出よう。
anxious アンキシャス	▶	好ましくない状況になるのではないかと、「不安で」「気がかりで」という意味。 *ex.* I'm anxious that I might lose the job.：失業するのではないかと不安。
worrywart ワーリィウォート	▶	「心配性の人」「とり越し苦労をする人」を表す名詞。くだけた語。 *ex.* You're such a worrywart.：あなたってホント、心配性ね。
on one's mind オン ワンズ マインド	▶	「気にかかって」「頭から離れないで」という意味。悩んでいることなどに使う。 *ex.* What's on your mind?：何か心配なの？

気持ちを楽にすることわざ

Time is a great healer.

「時は偉大な癒し手」
悲しみや落胆など、心の傷は
時が経てば薄れていく。

No pain, no gain.

「苦あり楽あり」
「痛みがなければ得るものなし」という意味。
何かを得るには苦労や困難が伴うもの。

All is well that ends well.

「終わりよければすべてよし」
結末がよければ、その過程で起きた失敗などは
気にしなくてよい。

Happiness depends upon ourselves.

「幸せかどうかは自分次第」
自分が幸せと思えば幸せであり、
人のものさしで測らなくてよい。

Laughter is the best medicine.

「笑いは最良の薬」
どんな薬よりも笑うことが
心身にとっていちばんである。

Forgive and forget.

「許して忘れなさい」

過去のいやなことをいつまでも根に持っているより、

水に流して心晴れ晴れと過ごすほうがよい。

Great things take time.

「偉大なことを成し遂げるには時間がかかる」

なかなか達成できないからといって、

簡単に諦めてはいけない。

Where there's a will, there's a way.

「意志あるところに道は開ける」

夢や目標を達成するには

強い意志が必要。

It always seems impossible until it's done.

「何事も達成するまでは不可能に思える」

ゴールは遠いと思うことでも1歩踏み出してみると、

少しずつ達成に近づいていくもの。

He who moves not forward, goes backward.

「前進しない人は後退している」

その場に立ち止まるのは、立ち止まっているのではなく、

後退しているということ。前進し続けることが大切。

迷う

〈決められない・優柔不断〉

**wonder if
one should**
ワンダー イフ ワン シュド

▶ 「〜したほうがいいかな?」が直訳で、「〜しようか迷っている」の意。日常の軽い迷いに使う。
ex. I wonder if I should wear a suit.：スーツを着ようか迷うなぁ。

**be of two
minds**
ビー オブ トゥー マインズ

▶ 「まだ決めかねている」という意味。似た表現のsit on the fenceは「日和見する」。
ex. Are you of two minds about changing jobs?：まだ転職を迷ってるの?

---

wishy-washy
ウィシワーシィ

▶ 「優柔不断の」「煮え切らない」「決断力のない」という意味。indecisiveも同じ。
ex. You're so wishy-washy.：あなたって本当に優柔不断ね。

---

can't decide
キャント ディサイド

▶ 「決められない」→「迷っている」という意味。内容はwhich(どれを)などの疑問詞で表す。
ex. I can't decide which one to choose.
：どれにしようか迷う。

**be still
thinking**
ビー スティオ スィンキング

▶ 「まだ考えている」が直訳で、「まだ迷っている」「まだ結論が出ない」といったニュアンス。
ex. Did you decide to go to college? ／ I'm still thinking.：大学へ行くことにした?／まだ迷ってる。

面倒 〈厄介・煩わしい〉

Negative Emotions

hassle

ハソォ

▶ 「煩わしいこと」「面倒」を表す一般的な名詞。botherも同じように使える。
ex. Oh, it's a hassle. : あー、面倒くさい。

pain in the neck

ペイン インダ ネック

▶ 「面倒なこと」「厄介者」「頭痛の種」などの意味。下品なものの、pain in the buttも使われる。
ex. That neighbor is a real pain in the neck. : あの隣人はホント、厄介。

trouble

トラボォ

▶ 「手間」「骨折り」という意味での「面倒」。「〜に面倒をかける」という動詞としても使う。
ex. I'm sorry for the trouble. : ご面倒をおかけして申し訳ありません。

too lazy to

トゥー レイズィ トゥ

▶ 「〜するには怠けすぎで」→「〜するのが面倒くさい」という意味になる。toのあとは動詞。
ex. I'm too lazy to cook. : ご飯を作るのが面倒くさい。

hard to deal with

ハード トゥ ディーォ ウィドゥ

▶ 面倒くさい人、扱いの難しい人、つき合いにくい人に対して使う。
ex. Our president is hard to deal with. : うちの社長は、面倒くさい人。

I wish I didn't have to.

アイ ウィシュ アイ ディドゥント ハフトゥ

▶ 実際はしなければならないけれど、「しなくてもよかったらなぁ」という願望を表す。
ex. I need to make a report. I wish I didn't have to. : 報告書をまとめなきゃ。面倒くさいな。

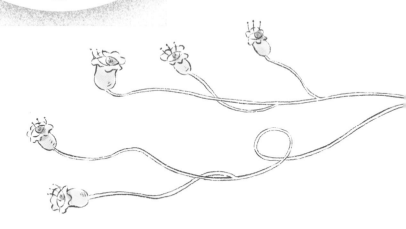

悔しい

Negative Emotions

〈哀れ・情けない・惨め〉

disappointed
ディサポインティッド

▶ がっかり感、情けなさ、不甲斐なさからくる、「悔しい」気持ちを表す。
ex. I'm disappointed I lost to him again.：また彼に負けて悔しい。

frustrating
フラストレイティング

▶ 思うようにならないもどかしさやイライラからくる、「悔しい」状況。心情はfrustratedで表す。
ex. I can't do it well. How frustrating!：うまくできなくて悔しい！

mad at oneself
マド アット ワンセオフ

▶ 自分自身に対して腹立たしく、「悔しい」。mad（頭にきて）をangryにしてもOK。
ex. I'm so mad at myself for making a stupid mistake.：バカな間違いをして、本当に悔しい。

humiliated
ヒューミリエイティッド

▶ 人前で恥をかかされるなど屈辱的な思いをした
ときの、「悔しい」「惨めな」気持ちを表す。
ex. I felt so humiliated. : すごく屈辱的だった。

miserable
ミゾラボォ

▶ 「惨めな」「哀れな」を表す。収入が「わずかな」、
食事が「粗末な」の意味もある。
ex. I don't want my kids to feel miserable.
: 子どもたちに惨めな思いはさせたくない。

I hate to admit it, but
アイ ヘイト トゥ
アドミット イット バット

▶ 「悔しいけれど」という意味。認めるのが悔しい
事実を言うときの前置き表現。
ex. I hate to admit it, but he's always right.
: 悔しいけど、彼はいつも正しい。

恥ずかしい

Negative Emotions

〈屈辱・照れる・恥〉

shy

シャイ

▶ 内気な性格を表す。「恥ずかしがりの」「人見知りする」という意味。
ex. Don't be shy.：恥ずかしがらなくていいのよ。

embarrassed

インバラスト

▶ きまりの悪さなどからくる「恥ずかしい」。照れや気恥ずかしさにも使う。
ex. I'm embarrassed my handwriting isn't neat.：字が下手で恥ずかしいな。

ashamed

アシェイムド

▶ 不適切な振る舞いによる「恥」や、良心の呵責による「恥ずかしい」を表す。
ex. I feel ashamed I lied.：うそをついた自分が恥ずかしい。

blush

ブラシュ

▶ ほめられたり持ち上げられたりして、「顔を赤らめる」。照れからくる恥ずかしさを表す動詞。
ex. You're making me blush.：やだ、照れるなぁ。

humiliated

ヒューミリエイティッド

▶ 人前で「恥をかかされた」「屈辱を受けた」という意味。自尊心を傷つけられたときなどに使う。
ex. I was told off in public and felt humiliated.：人前で叱られて、恥ずかしい思いをした。

have egg on one's face

ハヴ エッグ オン
ワンズ フェイス

▶ 「大恥をかく」「笑いものになる」という意味。とくに、権威のある人が失敗したときに使う。
ex. The president had egg on his face.：社長は面目丸つぶれだった。

動揺

Negative Emotions

〈慌てる・うろたえる・動転〉

shaken up ▶ 「動揺した」「気が動転した」の意味。shake up
シェイクン アップ （〜を動揺させる）を受け身にした形。
ex. I was shaken up at the sad news.：悲報
を聞いて、気が動転してしまった。

rattled ▶ 「慌てた」「うろたえた」「不安になった」「自信をな
ラトォド くした」など、さまざまな意味がある。くだけた語。
ex. He got a bit rattled by the question.：
彼はその質問に少しうろたえた。

upset ▶ 心を乱す状態を表す語で、「動揺した」「とり乱し
アプセット た」「狼狽した」「気を悪くした」など。
ex. Are you upset? ／ A bit.：動揺してるの?
／少しね。

agitated ▶ 不安な様子の「動揺した」「心が落ち着かない」。
アジテイティッド じっとしていられない様子を表す。
ex. The mother looked agitated.：母親は心
が落ち着かないようだった。

panic ▶ 「慌てふためく」「うろたえる」「パニックになる」と
パニック いう意味。
ex. My cat panicked at the earthquake.：愛
猫が地震でパニックになった。

freak out ▶ 急にとり乱す様子を表す。「おたおたする」「慌て
フリーク アウト まくる」といったニュアンス。outは省略可。
ex. My dad freaked out when he saw my
outfit.：私の服装に、お父さんが面食らった。

give up ▶ 計画や挑戦を途中で「諦める」、習慣などを「や
ギヴ アップ
める」を表す。降参やお手上げの意味もある。
ex. Do you know the answer? ／ I give up.
：答えがわかった？／お手上げ。

give up on ▶ 能力不足や自信喪失などの理由から見込みが
ギヴ アップ オン
ないと判断し、見切りをつけて「諦める」。
ex. I never improved, so I gave up on
dancing.：まったく上達しないので、ダンスを諦
めた。

forget about ▶ 「〜のことを忘れる」という意味の「〜を諦める」。
フォゲット アバウト
いやな思い出や不快な事実などに使う。
ex. Forget about the money you lent him.
：彼に貸したお金のことは諦めなよ。

abandon

アバンダン

▶ 計画や考えなどを「断念する」という意味。give upのかたい語。
ex. Did he abandon to expand overseas? : 彼は海外進出を断念したの？

not stick with

ノット スティック ウィドゥ

▶ stick withは「（たいへんなこと）を続ける」の意味。否定文で「三日坊主」のニュアンスになる。
ex. She doesn't stick with anything. : 彼女は三日坊主だ。

throw in the towel

スロウ インダ タウォ

▶ 「諦める」の意味。ボクシングで試合の継続が難しいときに、タオルを投げ入れることから。
ex. Isn't it too early to throw in the towel? : 諦めるのはまだ早いんじゃない？

緊張

Negative Emotions

〈あがる・緊迫・ドキドキ〉

nervous
ナーヴァス

▶ 「緊張して」「あがって」「不安になって」という意味。不安な様子を表す語。
ex. Are you nervous? ／ Kind of.：緊張してる？／ちょっとね。

tensed up
テンスト アップ

▶ nervousの強調語で、「とても緊張して」「張りつめた」の意味。リラックスできない状態をいう。
ex. I got tensed up before the interview.：面接の前、めっちゃ緊張した。

strained
ストレインド

▶ 状況や関係、雰囲気が「緊迫した」「ギクシャクした」、表情や声が「緊張した」の意味。
ex. Relations between them became strained.：彼らの関係はギクシャクした。

stage fright ▶ 「人前であがること」「舞台での緊張」を表す。
ステイジ フライト 「あがり症」という意味でも使える。
 ex. Do you get stage fright when you speak
in public? : 人前で話すとき、緊張する?

on edge ▶ 「緊張状態で」「ピリピリして」「気が立って」など
オン エッジ の意。edge (平面の端) で落ちそうな状態から。
ex. I was on edge, waiting for the result. :
緊張しながら結果を待った。

have ▶ 緊張や不安で「ドキドキする」。get the jitters も
butterflies 同じ。いずれも、くだけた表現。
(in one's stomach) *ex.* Tomorrow is my first day at work. I have
ハヴ バタフライズ butterflies. : 明日は初出勤。あー、緊張する。
(イン ワンズ スタマック)

ストレス

Negative Emotions

〈圧力・プレッシャー・欲求不満〉

stressed
ストレスト

► 「ストレスを感じて」という意味。stressed outで「ストレスで疲れ切って」となる。
ex. You look stressed. Are you ok? : ストレスがたまってるようだけど、大丈夫?

stressful
ストレスフォウ

► 仕事や状況などが、「ストレスの多い」「精神的に疲れる」「神経の張りつめた」の意味。
ex. My work is very stressful. : この仕事、精神的にしんどい。

stressor
ストレサー

► 「ストレスの原因」という意味。ストレスを引き起こす物や人に使う。
ex. Low pay is a big stressor. : 低賃金なのが大きなストレス。

frustrated
フラストレイティッド

► 自分ではどうにもできないいら立ちから、「ストレスを感じて」「欲求不満で」という意味。
ex. I'm frustrated that my boss isn't understanding. : 上司に理解がなくて、ストレスがたまる。

pressure
プレッシャー

► 「圧力」「プレッシャー」のこと。feel pressureやbe under pressureなどの形で使う。
ex. I'm under a lot of pressure from the top. : 上からのプレッシャーが半端ない。

イライラ

Negative Emotions

〈いらっく・かんに障る〉

irritated
イリテイティッド

▶ 思うようにならず「イライラした」感情。イライラさせる人や物にはirritatingを使う。
ex. I got irritated in a traffic jam.：渋滞にはまってイライラした。

annoyed
アノイド

▶ 腹立たしさを含む「イライラした」感情。そうさせる物や人にはannoyingを使う。
ex. It's very noisy. I'm really annoyed!：うるさいな。ホント、イライラする！

impatient
インペイシェント

▶ もどかしさ、じれったさを含む「イライラした」「いらついた」。せっかちな感じ。
ex. How long do we need to wait? ／ Don't be impatient.：どれだけ待たせるんだ？／そうイライラしないで。

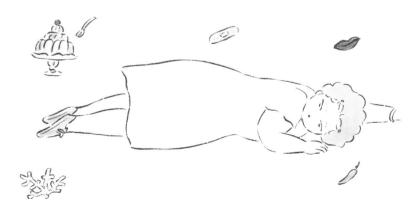

frustrating
フラストレイティング

▶ 状況などが「イライラさせるような」「欲求不満に
させるような」という意味。
ex. It's frustrating there are too many
commercials.：宣伝が多すぎてイライラする。

antsy
アンツィ

▶ 「イライラした」を表すくだけた語。そわそわしたり、
落ち着きがなかったりする様子を表す。
ex. My father was antsy waiting.：父はイライ
ラしながら待っていた。

drive ～ nuts
ドライヴ ナッツ

▶ 「～をかなりイライラさせる」という意味。気が狂
いそうなイメージ。nutsをcrazyにしてもOK。
ex. Her selfishness is driving us nuts.：彼
女のわがままに、皆かなりイライラしている。

*get on one's
nerves*
ゲット オン ワンズ ナーヴズ

▶ 「～をイライラさせる」「～のかんに障る」という意
味のくだけた語。nerveは「神経」。
ex. The way she talks gets on my nerves.：
彼女の話し方が、かんに障る。

怒る

Negative Emotions

かっかする・キレる・腹を立てる・憤慨〈

angry

アングリィ

► 「怒って」「腹を立てて」を表す一般的な語。類語のmadはくだけた語。get angryで「怒る」。
ex. Are you angry with me? : 私のこと、怒ってるの？

furious

フュリアス

► 「ひどく怒って」「かっかして」を表す、angryの強調語。頭に血がのぼった状態を指す。
ex. She was furious at a clerk's rudeness. : 彼女は店員の無礼な態度にひどく怒っていた。

lose one's temper

ルーズ ワンズ テンパー

► 「腹を立てる」「かっかする」という意味。temperは「平静心」「自制」の意味。
ex. She loses her temper easily. : 彼女はキレやすい。

blow up

ブロウ アップ

► lose one's temperの口語で、「カンカンに怒る」。hit the ceilingやhit the roofともいう。
ex. He blew up when he was made fun of. : バカにされて、彼はカンカンに怒った。

178

flip
フリップ

▶ 「突然キレる」「激怒する」という意味のくだけた語。flip outということもある。
ex. She flipped when she saw the mess.：散らかったのを見て、彼女は激怒した。

provoke
プラボウク

▶ 挑発したり刺激したりして、故意に「〜を怒らせる」という意味。
ex. It's your fault. You provoked the dog.：君が悪いよ。犬を怒らせることするから。

resent
リゼント

▶ 不当な扱いに「憤慨する」、いやなことを受け入れざるを得なくて「不快に思う」といった意味。
ex. I resent not getting paid for overtime.：残業代が出ないことに憤りを感じる。

drive 〜 up the wall
ドライヴ アップダ ウォーォ

▶ 「〜を激怒させる」「〜をイラッとさせる」という意味のくだけた語。人、状況のいずれにも使える。
ex. Her excuses drove me up the wall.：彼女の言い訳にイラッとした。

呆れる

Negative Emotions

「唖然・がく然」

amazed
アメイズド

▶ 「とても驚いて」が直訳。がく然とするような状況や態度などに対する、呆れる気持ちを表す。
ex. I was amazed at her bad manners.：彼女のマナーの悪さに呆れた。

disgusted
ディスガスティッド

▶ ムカつきやうんざり感を含んだ「呆れて」を表す。かなり強い語。
ex. I was disgusted he didn't look sorry.：反省の素振りも見せない彼に呆れた。

disappointed in
ディサポインティッド イン

▶ 「〜に失望して」が直訳。人に対する失望感を含む「〜に呆れて」を表す。
ex. She never learns. I'm disappointed in her.：学習能力がない彼女に呆れる。

speechless
スピーチレス

▶ 「言葉を失って」が直訳。「呆れてものも言えない」「唖然として」というニュアンス。
ex. Ah, I'm speechless.：あぁ、呆れてものも言えない。

unbelievable
アンビリーヴァボォ

▶ 「信じられない」が直訳。無知や未経験など、常識から外れたことなどに使う。
ex. What's AI? ／ You don't know AI? Unbelievable.：AIって何？／AI、知らないの？呆れた〜。

怖い

Negative Emotions

〈 恐ろしい・怯える・恐怖・ゾッとする 〉

scary ➤ 「怖い」「恐ろしい」という意味。怖い存在の人や
スケアリィ 物について使う。
ex. I had a scary dream. : 怖い夢を見た。

scared ➤ 「怖い」「恐ろしい」という感情を表す。怖いと感
スケアード じている人を主語にする。
ex. I'm scared of snakes. : 私はヘビが怖い。

afraid ➤ 心配や不安、緊張などからくる、「恐れて」「怖く
アフレイド て」の意味。
ex. She's afraid of flying. : 彼女は飛行機（に
乗るの）が怖い。

creepy ▶ 不気味な雰囲気で、身の毛がよだつ「怖い」。お
クリーピィ ばけが出そうな場所などに使う。spookyも同じ。
ex. That hospital is a little creepy.：あの病
院はちょっと不気味。

frightening ▶ できごとなどが「ゾッとさせる」「怯えさせる」。人が
フライトニング 「怯えている」場合はfrightenedを使う。
ex. The river overflowed. It was frightening.
：川が氾濫して、ゾッとした。

terrifying ▶ frighteningの強調語で、「恐れおののかせる」
テラファイイング という意味。人が主語ならterrifiedになる。
ex. A car almost hit me. It was terrifying.：
車にひかれそうになって、恐ろしかった。

fear ▶ 「恐怖（感）」「（〜への）恐れ」という意味の名詞。
フィア fearの強調語はterrorやhorror。
ex. My hands shook with fear.：恐怖で手が
震えた。

lonely ▶ 「寂しい」「孤独な」を表すもっとも一般的な語。
ロウンリィ get lonelyで「寂しくなる」「人恋しくなる」。
ex. Sometimes I get lonely.：ときどき、寂しく
なる。

miss ▶ 愛する人に会えない寂しさを表す。物や場所へ
ミス の恋しさにも使える。
ex. Take care. ／ I'll miss you.：じゃあ、また
ね。／寂しくなるわ。

homesick ▶ 家族や故郷を恋しく思う気持ちを表す。「故郷を
ホウムスィック 懐かしむ」「寂しくて家に帰りたい」という意味。
ex. I was homesick in the beginning.：最初
は寂しくて、家に帰りたかった。

lonesome ▶ 親しい人と離れてひとりになった寂しさや、気の
ロウンサム 合う友だちがいない孤独感を表す。
ex. My best friend got married and I feel
lonesome.：親友が結婚して、何か寂しい。

isolated ▶ 人との関わりがなく、孤立した状態をいう。「孤独
アイソレイティッド で」「疎外されて」といった意味。
ex. I feel isolated in my office.：会社で孤
独を感じる。

desolate ▶ 「非常に寂しく孤独で」という意味。愛する人を
デソレット 失った強い寂しさなどに使うことが多い。
ex. I'm desolate at the loss of my father.：
父が他界して、ものすごく寂しい。

泣く

Negative Emotions

「涙を流す」

cry
クライ

► 声を出して「泣く」こと。「泣く」を表すもっとも一般的な語。
ex. Don't cry.：泣かないで。

weep
ウィープ

► 深い悲しみなどで、「しくしく泣く」「涙を流して嘆く」という意味。かたい語。
ex. Everyone wept at his funeral.：彼の葬儀で皆、嘆き悲しんでいた。

sob
ソブ

► 「わんわん泣く」「泣きじゃくる」こと。しゃくり上げるようにして泣くイメージ。
ex. A boy was sobbing in the store.：店内で男の子がわんわん泣いていた。

whimper
ウィンパー

► 子どもが「すすり泣く」「泣きそうな声で言う」こと。犬がクンクン鳴く場合にも使う。
ex. Hey, don't whimper. I'll be right back.：ほら、泣かないの。すぐに戻るから。

bring ~ to tears
ブリング トゥ ティアーズ

▶ 「~の涙を誘う」「~を泣かせる」の意味。感動したときなどに使う。move ~ to tearsともいう。
ex. His messages brought me to tears.：彼のメッセージに泣けてきた。

have a good cry
ハヴァ グッド クライ

▶ 「思い切り泣く」「思う存分泣く」という意味。このgoodは、動作が「十分な」「存分の」。
ex. Have a good cry. That'll make you feel better.：思い切り泣いたら？ すっきりするよ。

hold back one's tears
ホウルド バック
ワンズ ティアーズ

▶ 「涙をこらえる」という意味。否定文だと「涙があふれる」といったニュアンスになる。
ex. I couldn't hold back my tears.：涙があふれ出た。

fake cry
フェイク クライ

▶ 「うそ泣きをする」の意味。fakeは「~のふりをする」。「空涙」をcrocodile tearsという。
ex. You're just fake crying.：どうせ、うそ泣きでしょ。

疲れる

〈クタクタ・疲労困憊・ヘトヘト〉

tired
タイアード

▶ 「疲れた」という意味のもっとも一般的な語。疲れの原因は、from ~やafter ~で表す。
ex. Are you tired? ／ A little, but I'm ok.：疲れてる？／少しね、でも大丈夫。

exhausted
イグゾースティッド

▶ very tiredをひと言で表した語。「とても疲れた」「ヘトヘトの」という意味。
ex. You had a long day. ／ Yeah, I'm exhausted.：長い一日だったね。／うん、もうヘトヘト。

wiped out
ワイプト アウト

▶ exhaustedのくだけた語。ほかに、bushedやburnt out、pooped (out) なども同様。
ex. I had meetings all day, and I'm wiped out.：一日中、会議でクタクタだよ。

worn out
ウォーン アウト

▶ 長時間労働などで「疲れ切った」の意味。類義語のwearyは少しかたい語。
ex. He looks worn out.：彼は疲れ切っているようだ。

run-down
ランダウン
► 健康を害しそうなくらい、「疲れ果てて」いる様子を表す。
ex. You look run-down. Get some rest. : 大分疲れているようね。少し休んだら?

dead beat
デッド ビート
► 「どっと疲れて」を表す口語。このdeadは「とても」という意味。
ex. I'm dead beat. I'm going to bed. : どっと疲れた。もう寝る。

fatigued
ファティーグド
► 「疲労困憊した」を表す、かたい語。倦怠感が続くような強い心身の疲労感をいう。
ex. I'm fatigued from sleep problems. : 不眠で疲労困憊。

crash out
クラッシュ アウト
► 疲労などですぐに眠り込むこと。いわゆる「バタンキュー」を表す動詞。
ex. I crashed out as soon as I got home. : 家に着くなり、バタンキューだった。

fail
フェイォ

▶ 「失敗する」「失敗に終わる」という意味の一般的な動詞。名詞の「失敗」はfailure。
ex. My low-carb diet failed.：低炭水化物ダイエットはうまくいかなかった。

learn a lesson
ラーナ レッスン

▶ このlessonは「教訓」。失敗から学んで、それが「教訓になる」というニュアンス。
ex. I made a mistake, but I learned a good lesson.：失敗はしたけど、いい教訓になった。

flop
フラープ

▶ 作品の「失敗作」やイベントの「不入り」を表す口語。「大失敗」はfiascoやdisasterとなる。
ex. How was the talk? ／ It was a flop.：トークイベントはどうだった？／客入りが悪かった。

blow
ブロウ

▶ 成功や達成を目前にして、「(チャンス)をふいにする」を表す口語。mess upともいう。
ex. How did the negotiation go? ／ I blew it.：交渉はうまくいった？／しくじった。

regret
リグレット
▶ 自分の行為を後悔し、「悪かったと反省する」。
類語のbe sorryはもう少し軽いニュアンス。
ex. I regret I said terrible things to you.：
君にひどいことを言って、反省している。

think over
スィンク オウヴァー
▶ できごとや結果を振り返り、「よく考えて反省する」
という意味。類語のreflect onはかたい響き。
ex. Think over what you did!：自分のしたこ
とをよく反省しなさい！

remorse
リモース
▶ 「自責の念」「深い後悔」「良心の呵責」など、強
い反省の気持ちを表す。かたい語。
ex. She looked filled with remorse.：彼女
は自責の念でいっぱいのように見えた。

*review
meeting*
リヴュー ミーティング
▶ 「反省会」のこと。「検討会」の意味もある。評価
が目的の反省会はevaluation meeting。
ex. We had a review meeting today.：今日、
反省会をした。

程度を表す言葉

気持ちや感想、印象を表す形容詞を次の語と用いると、
どのくらいの程度なのかを具体的に表すことができます。

強い   *extremely*   非常に、極めて

        very, really, so, quite   とても、すごく

        pretty   結構、かなり

        fairly   なかなか、まずまず、割と

        kind of   ちょっと、まあまあ、何だか

        a little, a bit, a little bit   少し

弱い   *slightly*   わずかに、ほんの少し

※quiteはイギリス英語ではprettyと同じくらいの程度。
※kind ofは言い方によっては「かなり」を表すこともある。

Column 5

使い方例

I'm extremely **disappointed.** 非常にがっかり。

He's really **kind.** 彼はとても優しい。

I'm so **happy.** すごくうれしい。

It was quite **interesting.** とても興味深かった。

It was pretty **funny.** 結構おもしろかった。

It was fairly **new.** 割と新しかった。

It's kind of **creepy.** 何だか不気味。

I'm a little **nervous.** 少し緊張してる。

I'm slightly **jealous.** ちょっぴりうらやましい。

つまらない

Negative Emotions

〈おもしろくない・退屈〉

uninteresting アンインタレスティング	▶	興味や関心がそそられない状態。「つまらない」 「おもしろくない」という意味。 *ex.* That TV show is uninteresting.：あのテ レビ番組はつまらない。
boring ボーリング	▶	わくわくするような刺激に乏しく、「つまらない」 「退屈な」。 *ex.* My life is boring.：毎日が退屈。
dull ダゥ	▶	変化がなく、単調で「つまらない」「おもしろみの ない」という意味。 *ex.* His articles always sound dull.：彼の記 事はいつもおもしろみがない。
tedious ティーディアス	▶	単調さ、長ったらしさからくる、「つまらない」「飽 き飽きするような」の意。かたい語。 *ex.* His speech was tedious.：彼の演説は冗 長だった。
yawn ヨーン	▶	「あくび（をする）」が直訳。そこから「退屈させる 人・物」という意味になる。drag も同じ。 *ex.* How was the party? ／ It was a big yawn. ：パーティーはどうだった？／すごく退屈だった。
nothing ***special*** ナッスィング スペシャォ	▶	贈りものを渡すときの、「つまらないものですが」。 「何も特別ではない」が直訳。 *ex.* It's nothing special, but I hope you like it.：つまらないものですが、気に入ってもらえた らうれしいです。

195

飽きる

Negative Emotions

〈飽き飽き・うんざり〉

get tired of
ゲット タイアード オヴ

► 「～に飽きる」を表す一般的な表現。「～に飽きている」という状態はbe tired of。
ex. I'm getting tired of her videos these days.：最近、彼女の動画に飽きてきた。

be sick of
ビー スィック オヴ

► 「～にうんざりしている」「～に飽き飽きしている」というニュアンス。
ex. I'm sick of eating out every day.：外食続きの毎日にうんざり。

be fed up with
ビー フェド アップ ウィドゥ

► 変わらない状況などに、「～にうんざりしている」という意味。くだけた表現。
ex. I'm fed up with hearing it.：その話は耳にたこができるほど聞いた。

have enough
ハヴ イナフ

▶ 「もうたくさん」という意味で、聞き飽きた言い訳や口論、食べ飽きたものなどに使う。
ex. I've had enough of your complaints!：あなたの愚痴はもうたくさん！

lose interest in
ルーズ インタレスト イン

▶ 今まで楽しんでいたことなどの興味がなくなったときの、「〜に飽きる」。
ex. I lost interest in taking pictures for social media.：SNS用に写真を撮るのはもう飽きた。

get bored easily
ゲット ボアード イーズリィ

▶ 「すぐ飽きる」という意味の動詞。飽き性を表す。lose interest easilyも同様。
ex. Does she get bored easily?：彼女って、飽きっぽい性格なの？

消極的

Negative Emotions

〈 後ろ向き・内向的・悲観的・否定的 〉

passive
パッスィヴ

> 受け身的なニュアンスの「消極的な」。性格や行動などさまざまに使う。反対語はactive。
> *ex.* You're very passive. Be active!：君はホント、消極的だね。積極的になりなよ!

negative
ネガティブ

> 「否定的」「悲観的」「後ろ向き」という意味で、「消極的な」。反対語はpositive。
> *ex.* He shows a negative attitude toward getting married.：彼は結婚に消極的だ。

reserved
リザーヴド

> 感情や考えをあまり出さず、「消極的な」「無口な」。「控えめな」のニュアンスもある。
> *ex.* I'm reserved with strangers.：私は知らない人の前だと遠慮しちゃう。

introvert

イントラヴァート

▶ 内向的な性格で、人と関わろうとしない「消極的な人」のこと。反対語はextrovert。
ex. Is he quiet? ／ He's rather an introvert.
：彼って無口？／どちらかというと内向的かな。

unmotivated

アンモウティヴェイティッド

▶ 意欲や興味などがなく、行動しないタイプの「消極的な」「やる気のない」。
ex. I feel unmotivated these days.：最近、やる気が出ない。

reluctant

リラクタント

▶ 「気が進まないで」「抵抗を感じて」といった消極性を表す。何かを渋々するようなときに使う。
ex. I was reluctant to sign it.：それにいやいや署名した。

not make the first move

ノット メイクダ
ファースト ムーヴ

▶ 好きな人に対して「消極的な」。自分から仕掛けず、相手が言い寄ってくるのを待つタイプを表す。
ex. He doesn't like to make the first move.：彼は自分から言い寄るのが苦手みたい。

申し訳ない

Negative Emotions

〈謝る・お詫び・ごめんなさい・謝罪〉

feel sorry
フィーォ サーリィ

▶ 申し訳ない気持ちを表す一般的な表現。feel badも可。内容や相手はfor ~で表す。
ex. I feel sorry for that friend.：その友だちに対して申し訳なく思う。

feel guilty
フィーォ ギゥティ

▶ 罪悪感や後ろめたさ、良心の呵責などから、「申し訳なく思う」。
ex. I felt guilty pretending to be out.：居留守を使って申し訳なかったわ。

I'm afraid
アイム アフレイド

▶ 相手にとってよくないことを伝えるときの前置きで、「申し訳ありません」という意味。
ex. I'm afraid I can't make it.：申し訳ないのですが、都合がつきません。

My apologies. ▶ 「申し訳ありません」という意味のI'm sorry.より、
マイ アパラジィズ 丁寧なお詫び。頭にYou haveが省略されている。
ex. My apologies for replying late.：返信が
遅くなり、申し訳ありません。

Thank you. ▶ お礼に置き換えられる「申し訳ない」は、Thank
センキュー you.が適切。内容はfor ~で表す。
ex. Thank you for always giving me a ride.
：いつも車を出していただき、申し訳ないです。

I can't ▶ 「たいへん申し訳ありません」という強いお詫び。
apologize 「どれだけ謝っても謝り足りない」が直訳。
enough. *ex.* I can't apologize enough. ／ Don't worry.
アイ キャント ：たいへん申し訳ありません。／いいんですよ。
アパラジャイズ イナフ

冷たい

Negative Emotions

〈冷ややか・無情・冷酷・冷淡〉

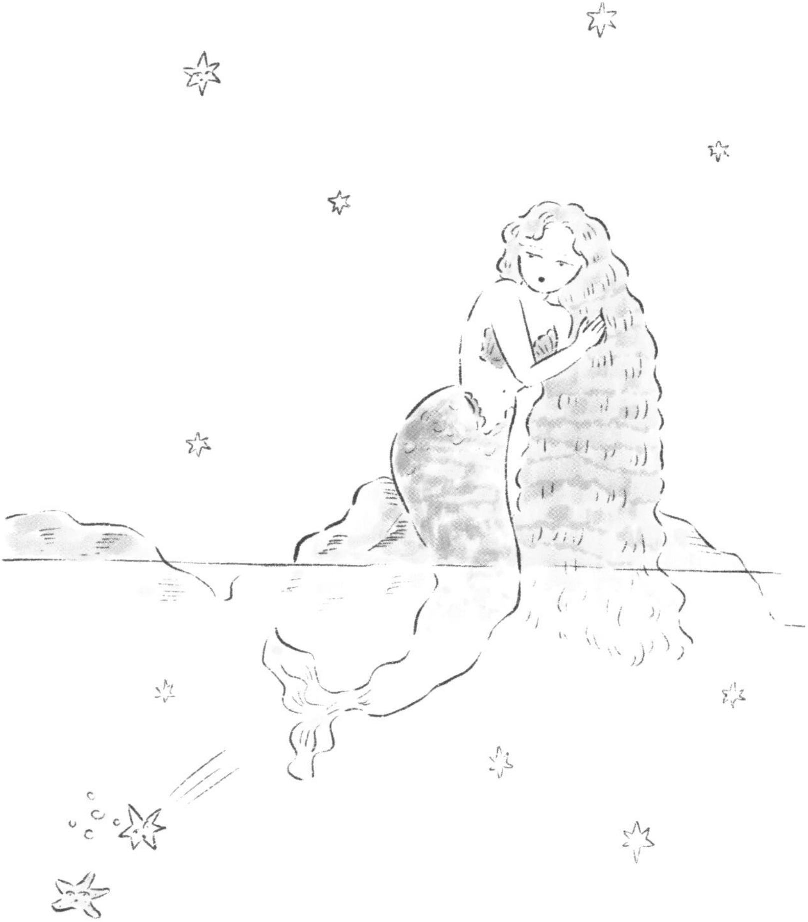

cold ▶ 優しさや思いやりがなく、「冷淡な」「よそよそし
コウォド い」。類語にcold-hearted（薄情な）がある。
ex. She's cold to me these days.：最近、彼
女は私に冷たい。

heartless ▶ heart（心が）-less（ない）が直訳で、「心ない」
ハートレス 「冷酷な」「無情な」。cruelやunkindも同じ。
ex. How can you say such a heartless thing?
：どうしてそんな心ないことを言えるの？

unfeeling ▶ 人の気持ちを思いやらず、「冷酷な」「非情な」
アンフィーリング 「配慮のない」。hard-heartedともいう。
ex. The doctor was unfeeling to the
patient's family.：その医者は患者の家族に冷
酷だった。

chilly ▶ 態度や表情、目つきなどが「冷ややかな」「よそよ
チリィ そしい」。unfriendlyやfrostyも同様。
ex. She got a chilly reception.：彼女は冷た
い応対を受けた。

unsympathetic ▶ 他人の苦しみや悩みなどに、「同情のない」「冷
アンスィンパセティック 淡な」「共感しない」という意味。
ex. He was totally unsympathetic.：彼には
同情のかけらもなかった。

snub ▶ 「〜を冷たくあしらう」「〜をわざと無視する」を表
スナブ す動詞。類語のcold-shoulderも同じ意味。
ex. She snubs her old friends, don't you
think?：彼女って、昔の友だちに冷たいよね。

反対

〈異議・断る・辞退〉

Negative Emotions

disagree ▶ 意見の不一致や不賛成を表す。「反対である」
ディスアグリー 「意見が合わない」などの意味。
ex. I disagree with his idea.：彼の考えには
反対です。

against ▶ 案、決まり、主義などについて、be againstで
アゲンスト 「〜に反対で」。逆に、「〜に賛成で」はbe for。
ex. Are you for or against euthanasia?：安
楽死に賛成ですか? 反対ですか?

object ▶ 「反対する」「異議を唱える」「いやがる」などの意
オブジェクト 味。何に対する異議かはto ~で表す。
ex. My mother objects to my living
alone.：母は私のひとり暮らしに反対している。

oppose ▶ objectより強い、「〜に反対する」。言葉だけで
オポウズ なく、阻止行動を含むこともある。動詞。
ex. We strongly oppose tax increase!：我々
は増税に強く反対します!

opposed
オポウズド

▶ 「反対の立場で」を表す形容詞。be opposed toの形で使う。againstの類語。
ex. Our city is opposed to the land development.：わが市はその土地開発に反対の立場です。

turn down
ターン ダウン

▶ 誘いや提案、申し出、依頼などについて、「～を断る」「～を受け入れない」を表す。
ex. Why don't you turn it down? You're too busy.：お断りしたら？ すごく忙しいんでしょ？

decline
ディクライン

▶ 相手の気持ちを傷つけないよう配慮して、「～を丁重に断る」「～を辞退する」。
ex. I'd like to decline to accept the award.：受賞を辞退させていただきたいのですが。

refuse
リフューズ

▶ 申し出など「(～を) きっぱり断る」。類語のrejectはさらに強く、「断固拒絶する」。
ex. Are you going on a date with him? ／ No! Of course I refused.：彼とデートするの？ ／まさか！ もちろん、はっきり断ったわ。

criticize

クリティサイズ

▶ 「(～を)批判する」「(～を)けなす」を表す一般的な語。「批判」「批評」はcriticism。
ex. You're criticizing again. ／ I'm just telling the truth.：また批判？／本当のこと、言ってるだけよ。

find fault

ファインド フォーゥト

▶ 「あら探しをする」「ケチをつける」の意味。重箱の隅をつつくタイプはnitpickという。
ex. He's always finding fault with others.：彼は人のあら探しばかりしている。

take a dim view of

テイカ ティム ヴュウ オヴ

▶ 「～に批判的である」「～を快く思わない」「～に懐疑的な見方をする」といった意味。
ex. I take a dim view of boozing on trains.：私は列車内での飲酒には批判的だ。

diss

ディス

▶ disrespect(～を蔑む)のくだけた語。「～をバカにする」「～をけなす」。disとも書く。
ex. Why do you diss your friends?：どうして友だちをディスるの？

roast

ロゥスト

▶ 「～をこけにする」「～をこき下ろす」「～を嘲笑する」という意味のくだけた語。
ex. His new novel was roasted by reviewers.：彼の新刊は評論家に酷評された。

judgmental

ジャッジメントォ

▶ 「一方的な判断をしがちな」「頭から決めてかかる」「即批判しがちな」の意味を表す形容詞。
ex. Aren't you a bit too judgmental?：少し頭から決めてかかりすぎなんじゃない？

責める

Negative Emotions

くとがめる・怒鳴る・非難

blame ▶ 責任の所在を示して、「〜を責める」「〜のせい
ブレイム　　　にする」「〜をとがめる」を表す。
　　　　　　　ex. Don't blame me if it's wrong.：間違って
　　　　　　　いても、私を責めないでね。

accuse ▶ 不正行為や身勝手さなどに対する、「〜を責める」
アキューズ　　　「〜を非難する」の意味。
　　　　　　　ex. I accused him of snooping on my
　　　　　　　phone.：人のスマホを勝手に見た彼を、私は非
　　　　　　　難した。

condemn ▶ 「〜を激しく責める」という意味。とくに、道徳的
コンデム　　　な理由による非難をいう。
　　　　　　　ex. She was condemned for neglecting her
　　　　　　　child.：彼女は育児放棄で、激しく非難された。

beat oneself up

ビート ワンセオフ アップ

▶ 「自分自身をひどく責める」という意味。くだけた語。beat up on oneselfともいう。
ex. Don't beat yourself up. It isn't your fault.：そんなに自分を責めないで。君のせいではないよ。

get caught in the crossfire

ゲット カート インダ
クロスファイア

▶ 関係ない人が論争などに巻き込まれること。「とばっちりを受ける」というニュアンス。
ex. I just happened to be there and got caught in the crossfire.：たまたまその場にいて、とばっちりを受けた。

get told off

ゲット トウォド オフ

▶ 「なじられる」「叱られる」「非難される」という意味の口語。getをbe動詞にしてもOK。
ex. I got told off by a customer on the phone.：電話で客になじられた。

軽蔑

Negative Emotions

からかう・バカにする・侮辱・見下す

insult
インサゥト

▶ 「〜を侮辱する」「〜をバカにする」を表す一般的な動詞。名詞の「侮辱」は［インサゥト］と発音。
ex. Don't insult me! : 侮辱しないで！

look down on
ルック ダウン オン

▶ 「〜を軽蔑する」「〜を見下す」「〜を上から見る」といった意味。
ex. That politician looks down on common people. : あの政治家は庶民を見下してる。

make fun of
メイク ファン オヴ

▶ 「〜をからかう」「〜を笑い者にする」という意味。poke fun atともいう。
ex. It isn't nice to make fun of others. : 人をからかうのはよくないよ。

tease
ティーズ

▶ 「〜をからかう」という意味。友だち同士でふざけてからかう場合にも用いる。
ex. I like teasing you as your reactions are cute. : 君の反応がかわいいから、からかいたくなっちゃう。

scoff ▶ 「あざ笑う」「バカにする」という意味。mockも同
スカーフ　　　様。いずれもmake fun ofのかたい語。
ex. A coworker scoffed at my suggestion. :
同僚に提案をバカにされた。

offend ▶ 「〜の感情を傷つける」「〜の気分を害する」とい
オフェンド　　う意味。受け身で表すことが多い。
ex. I was offended by her words. : 彼女の言
葉に傷ついた。

abusive ▶ 「口汚い」「罵倒する」を表す形容詞。use
アビュースィヴ　abusive languageで、「悪態をつく」の意味。
ex. He becomes abusive when he's drunk.
: 彼は酔うと口汚くなる。

slander ▶ 誹謗や中傷、名誉毀損を表す名詞・動詞。「〜
スランダー　　についてうそを言う」の意味もある。
ex. He was sued for slander. : 彼は名誉毀損
で訴えられた。

けんか

Negative Emotions

〈言い争い・議論・口論〉

argue ➤ 意見を主張し合って、「議論する」「口論する」の
アーギュー 意味。名詞のargumentは「口論」「口げんか」。
ex. They're always arguing.：彼らはけんか
が絶えない。

quarrel ➤ 「口げんか（する）」「口論（する）」という意味。
クウォーラォ argueやargumentの類語。
ex. We've never had a quarrel.：私たちはけ
んかをしたことがない。

fight ➤ 殴り合いのけんかだけでなく、「激しく言い争う」
ファイト 「口げんかする」の意味でも使う。
ex. Stop fighting!：けんかはやめなさい！

dispute ➤ 相いれない意見の対立を表す。感情や敵意をむ
ディスピュート き出しにした、「言い争い」「紛争」。
ex. They're having a dispute over working
conditions.：彼らは労働条件をめぐって、言い
争っている。

tiff ➤ 友だちや恋人、夫婦など、親しい者同士の「ささ
ティフ いな口げんか」のこと。
ex. They're lovey-dovey, but sometime
have a tiff.：あの2人はラブラブだけど、たまに
ささいなけんかをする。

fall out ➤ 「けんかして仲たがいする」「けんか別れする」を
フォーゥ アウト 表す口語。
ex. She fell out with her good friend.：彼
女は親友とけんか別れした。

傲慢

〈威張る・横柄・高飛車・見下す〉

Negative Emotions

arrogant
アラガント

➤ 人を見下すような態度で「傲慢な」「横柄な」。
haughtyも同様。
ex. Look at her arrogant attitude.：見て、あの傲慢な態度。

bossy
バースィ

➤ 人にあれこれ指図して、「偉そうな」「横柄な」「威張った」。boss（組織の長）の派生語。
ex. How bossy he is!：何て偉そうなの！

snobbish
スナービシュ

➤ 「お高くとまった」「高飛車な」という意味。ほかに、stuck-upやsnootyなども同様。
ex. She's snobbish.：彼女って気取ってるよね。

bumptious

バンプシャス

▶ 自分の能力を自慢しすぎるタイプの、「傲慢な」「うぬぼれた」。
ex. He's a nice guy if he isn't bumptious. : 能力自慢をしなければ、彼はいい人なんだけど。

overbearing

オウヴァベアリング

▶ 相手の気持ちを考えない、「高圧的な」「傲慢な」態度をいう。domineering や high-handed とも。
ex. I don't like overbearing people. : 高圧的な人って苦手だな。

patronizing

ペイトラナイズィング

▶ 「自分のほうが偉い人であるかのような」「相手を見下すような」という意味の形容詞。
ex. He talks in a patronizing tone. : 彼は人を見下した話し方をする。

get on one's high horse

ゲット オン ワンズ ハイ ホース

▶ 「威張りちらす」という意味。昔、背の高い馬に乗っていた貴族が偉そうだったことから。
ex. She used to get on her high horse. : 彼女は昔、威張りちらしていたそうよ。

ずるい

〈ずる賢い・卑怯・不正直〉

dishonest ▶ 人が「不正直な」、行為が「インチキな」「不正
ディスアーネスト　　な」など、正直さに欠けるずるさを表す。
　　　　　　　　　ex. He got the land in a dishonest way.：彼
　　　　　　　　　は不正なやり方でその土地を買った。

sly ▶ 「ずる賢い」「あくどい」など、狡猾なずるさを表す。
スライ　　　　類語にcunningやcraftyなどがある。
　　　　　ex. She's extremely sly.：彼女は極めてずる
　　　　　賢い。

sneaky ▶ 「卑怯な」「こそこそした」など、陰険なずるさを表
スニーキィ　　す。underhanded（公明正大でない）も同様。
　　　　　　ex. What a sneaky way to raise premiums!
　　　　　　：こっそり保険料を上げるなんて、ずるい！

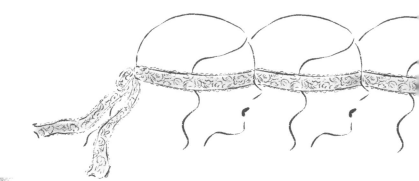

weasel ► 「ずるいやつ」「卑怯者」を表す名詞。くだけた語。
ウィーゾォ weasel outで責任などを「回避する」となる。
ex. He's such a weasel! ：あいつはホント、ず
るいやつだ！

not fair ► 「公平でない」「不当な」という意味。不公平で納
ノット フェア 得できないときの「ずるい」。
ex. That's not fair. ：そんなのずるいよ！

shifty ► 見た目が「ずるそうな」「いかがわしい」という意
シフティ 味。shifty eyesで「挙動不審な目」。
ex. He really looks shifty. ：彼って、いかにも
ずるそう。

cheat ► 「ずるをする」「ごまかして利を得る」の意味。相
チート 手を信頼させて「だます」場合はdeceiveとなる。
ex. She cheated on the test. ：彼女はテストで
カンニングをした。

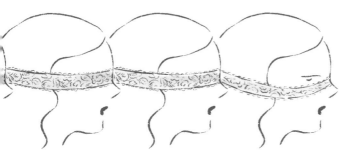

意地悪

〈悪意・ひねくれた〉

Negative Emotions

mean
ミーン

► 「意地悪な」「不親切な」という意味の形容詞。
unkindやnot niceと入れ替えが可能。
ex. You're so mean! : もうっ、ホント意地悪！

nasty
ナスティ

► 「すごく意地の悪い」「悪意のある」という意味。
類語のmaliciousやviciousはかたい語。
ex. He's saying nasty things again. : 彼、ま
たひどいこと言ってる。

ill-natured
イゥ ネイチャード

► 性格の悪さを表す。「意地の悪い」「ひねくれた」
「無愛想な」などの意味。
ex. He likes to criticize. ／ Yeah, really
ill-natured. : 彼って批判好きだね。／ホント、
性格悪っ。

spite
スパイト

► 妬みなどによる「意地悪」「面当て」。out of
spiteで「腹いせに」「いやがらせで」の意味。
ex. I didn't make dinner for my husband out
of spite. : 腹いせに、夫の夕食を作らなかった。

snide
スナイド

► 発言などが「意地の悪い」「皮肉な」を表す、くだ
けた語。遠回しに嫌みを言うこと。
ex. She always makes one or two snide
remarks. : 彼女はいつも、一言二言嫌みを言う。

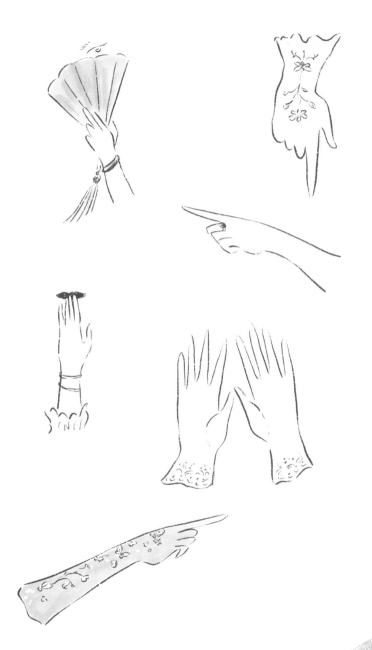

図々しい

〈厚かましい・差し出がましい・生意気〉

nerve ▶ 「図々しさ」を表す名詞。have the nerve to ＋
ナーヴ　　　動詞で、「図々しくも～する」の意味。
　　　　　　ex. What a nerve! : 何て図々しい !

pushy ▶ 押しが強いタイプの「図々しい」を表す。push
プシィ　　　（押す）の派生語。
　　　　　　ex. I don't like pushy sales clerks. : ガンガ
　　　　　　ンくる店員は苦手。

shameless ▶ 恥知らずなタイプの「図々しい」「厚かましい」。強
シェイムレス　調語はbrazen。
　　　　　　ex. He asked for money? How shameless!
　　　　　　: お金をせがんできたの ? 何て厚かましい !

220

ask too much ▶
アスク トゥー マッチ

この ask は「要求する」「当てにする」という意味。図々しい要望に使う。
ex. Can I copy your notebook? ／ That's asking too much.：ノートのコピー、とらせて。／それって図々しくない？

sassy ▶
サスィ

無礼で敬意を払わない子どもをさす。「生意気な」「なれなれしい」「厚かましい」。
ex. Don't talk sassy to your grandma!：おばあちゃんに生意気なこと、言わないの！

presumptuous ▶
プリザンプチュアス

「差し出がましい」「厚かましい」というニュアンスの図々しさをいう。かたい語。
ex. It was presumptuous of him to tell me what to do.：指図するとは、厚かましいやつ。

Mind your own business. ▶
マインド ヨア オウン ビズィネス

出しゃばる相手に言う、「口出ししないで」「大きなお世話だ」「関係ないでしょ」。
ex. Mind your own business. ／ Sorry.：人のことに口出ししないで。／ごめん。

バカな

Negative Emotions

〈愚か・くだらない・間抜け〉

stupid
ステューピッド

▶ 人が「バカな」、行動や考えが「愚かな」「くだらない」など。いら立ちや非難の強い語。
ex. He believed that? How stupid! : 彼、それを信じたの? バカじゃん!

silly
スィリィ

▶ やわらかい響きの「バカな」。くだらないおもしろさに対しては「おバカな」といったニュアンス。
ex. Mom, look at my face! / Haha. You're so silly. : ママ、この顔見て!/あはは、おバカさんね。

foolish
フーリシュ

▶ 常識や判断力、賢さに欠ける「バカな」「愚かな」。くだけてgoofyということもある。
ex. I made a foolish mistake. : バカなミスしちゃった。

idiot
イディオット

▶ 「バカ」「間抜け」を表す無礼な口語。類語のfoolはidiotほど強い響きではない。
ex. You spent all the money? You idiot! : 全額使ったのか? この間抜けが!

ridiculous
リディキュラス

▶ 発言や考えなどが、話にならないくらい「バカげた」という意味。かたい類語にabsurdがある。
ex. Don't be ridiculous.：バカなこと、言わないでよ。

dumb
ダム

▶ 開いた口がふさがらないほど、「バカな」「間抜けな」「頭の悪い」の口語。軽蔑している響き。
ex. He did a dumb thing.：彼もバカなことをしたもんだ。

nonsense
ナンセンス

▶ 「バカげた考え」「愚かな行為」を表す名詞。「バカバカしい！」と吐き捨てるときにも使う。
ex. You think you can make money in gambling? Nonsense!：ギャンブルで稼げるとでも？ バカバカしい！

insane
インセイン

▶ stupidの強調語で、「正気とは思えない」「頭がおかしい」の意味。くだけてcrazy。
ex. He's insane to go out in this heavy snow.：この大雪で出かけるなんて、彼、どうかしてるわ。

怪しい

Negative Emotions

〈いかがわしい…疑わしい〉

doubtful ►
ダウトフォゥ

「ありそうにない」という事柄について、「怪しい」「疑わしい」。
ex. It's doubtful that the money will be returned.：お金が戻ってくるかは怪しい。

fishy ►
フィシィ

話などが「うさんくさい」「いかがわしい」という意味の口語。類語はsuspicious。
ex. What she said sounded fishy.：彼女の話はうそくさかった。

sketchy ►
スケッチィ

人や物、場所、雰囲気について、「怪しげな」「危険なにおいがする」という意味の俗語。
ex. Isn't this alley a little sketchy?：この路地、ちょっと怪しくない?

iffy ►
イフィ

状況がはっきりせず、どうなるかわからないという点で、「怪しい」「微妙」。口語。
ex. I want to hang the laundry outside, but the weather looks iffy.：洗濯物を外に干したいけど、天気が微妙だな。

something is going on ►
サムスィング イズ
ゴウイング オン

直訳は「何かが起きている」。普通ではないことが進行していて、「怪しい」の意味。
ex. It looks like something is going on between those two.：あの2人の仲は怪しい。

224

疑う

Negative Emotions 〈 懐疑的・疑問・不信感 〉

suspect
サスペクト

▶ 「〜だろう」と肯定的に疑う。thinkの感覚に近い「〜だと疑う（思う）」。
ex. I suspect he stole it. : 彼が盗んだのだろうと私は疑っている。

doubt
ダウト

▶ 「〜ではないだろう」と否定的に疑う。真実とは思えないことに使う。don't thinkのイメージ。
ex. I doubt he stole it. : 彼は盗んでいないと私は思う。

skeptical
スケプティコォ

▶ 「疑っているような」「懐疑的な」という意味。be skeptical about 〜で「〜について疑う」。
ex. It'll work out. ╱ You think? I'm skeptical. : うまくいきそうだ。╱そう？ 私は疑ってるけど。

questionable
クウェスチョナボォ

▶ 物事や行動が「疑わしい」「疑問が残る」「いかがわしい」という意味。
ex. That rating is questionable. : あの格づけは疑わしい。

distrust
ディストラスト

▶ 「〜を怪しむ」「〜を疑う」「〜に不信感を抱く」の意味。trustの反対語。
ex. Distrust too-good-to-be-true things. : うまい話は疑ってかかりなさい。

226

SNSの略語

TY

Thank you.
ありがとう。

YW

You're welcome.
どういたしまして。

CU

See you.
またね。

GN

Good night.
おやすみ。

HBD

Happy Birthday.
誕生日おめでとう。

U2

You too.
あなたもね。

Me2

Me too.
私も。

cuz

because
なぜなら

xoxo

Hugs and kisses
ハグとキス

OIC

Oh, I see.
ああ。／なるほど。

NP

No problem.
大丈夫。／問題なし。

G2g

Got to go.
もう行くね。

TTYL

Talk to you later.
またあとでね。

JK

Just kidding.
冗談だよ。

IDK

I don't know.
知らない。／わからない。

OMG

Oh my God.
何てこった。

TBH

to be honest
正直に言うと

ASAP

as soon as possible
できるだけ早く／至急

HTH

Hope this helps.
お役に立つとよいのですが。

FYI

for your information
ご参考までに

JIC

just in case
念のため

OOTD

outfit of the day
今日のコーデ

YOLO

You only live once.
人生一度きり。

MYOB

Mind your own business.
大きなお世話。

Japanese index 日本語から引く索引

English index 英語から引く索引

著者：石原真弓（いしはら まゆみ）

英語学習スタイリスト。高校卒業後、アメリカに留学。コロラド州で英語や秘書業務、経営学を学んだあと、通訳などに従事。現在は、企業や英会話教室などで英会話を教えるほか、執筆やメディア出演、講演、コンテストの審査員なども務めている。著書は『ディズニーの英語』シリーズ（KADOKAWA）、『英語日記パーフェクト表現辞典』『今すぐ言える！ 英会話フレーズブック』（Gakken）、『小学生のための聞ける！話せる！英語辞典』（旺文社）、『タッチペンで音がきける！はじめての英検5級』『タッチペンで音がきける！はじめての英検4級』（講談社）、『CD付き イラストとマンガでわかる はじめての英語辞典』『まいにち英会話 会話、日記、SNSに役立つ365のヒント』（ナツメ社）など。中国語や韓国語に翻訳されている著書も多数。

絵：STUDIO NOX

女子美術大学デザイン学科卒業。化粧品メーカーで商品デザイナーとして約10年勤務後、独立。装画、挿絵、アパレルやコスメ商品へのアートワーク提供、パッケージデザイン、ブランドプロデュースなど、多岐にわたり活動中。

本書に関するお問い合わせは、書名・発行日・該当ページを明記の上、下記のいずれかの方法にてお送りください。電話でのお問い合わせはお受けしておりません。

⦿ナツメ社Webサイトの問い合わせフォーム（https://www.natsume.co.jp/contact）

⦿FAX（03-3291-1305）　⦿郵送（下記、ナツメ出版企画株式会社宛て）

なお、回答までに日にちをいただく場合があります。正誤のお問い合わせ以外の書籍内容に関する解説・個別の相談は行っておりません。あらかじめご了承ください。

気持(きも)ちを表(あらわ)す英単語辞典(えいたんごじてん)

2023年8月8日　初版発行

著　者　石原真弓（いしはらまゆみ） ©Ishihara Mayumi, 2023

発行者　田村正隆

発行所　株式会社ナツメ社

東京都千代田区神田神保町1-52

ナツメ社ビル1F（〒101-0051）

電話 03-3291-1257（代表）

FAX 03-3291-5761

振替 00130-1-58661

制　作　ナツメ出版企画株式会社

東京都千代田区神田神保町1-52

ナツメ社ビル3F（〒101-0051）

電話 03-3295-3921（代表）

印刷所　ラン印刷社

〈定価はカバーに表示してあります〉

〈落丁・乱丁本はお取り替えいたします〉

本書の一部または全部を著作権法で定められている範囲を超え、ナツメ出版企画株式会社に無断で複写、複製、転載、データファイル化することを禁じます。

ISBN978-4-8163-7421-0

Printed in Japan

ナツメ社Webサイト

https://www.natsume.co.jp

書籍の最新情報（正誤情報を含む）はナツメ社Webサイトをご覧ください。